« Un roman, c'est une vie faite livre »
NOVALIS
« Je fais toujours le même livre »
F. MAURIAC (1969)

INTRODUCTION

L A mort d'un écrivain, en mettant fin aux controverses
politiques ou religieuses qui obscurcissent sa carrière,
le livre enfin à la littérature. Lorsque disparaissent
avec l'homme les fidélités aux doctrines et aux régimes,
l'œuvre seule subsiste et s'offre aux interrogations. La règle
générale vaut peut-être davantage pour Mauriac que pour
ses contemporains engagés. Car en insistant sur son rôle
d'écrivain catholique, Mauriac a lui-même infléchi la réflexion
critique en l'orientant vers les thèmes chrétiens de ses
romans. Son engagement politique n'était pas fait non plus
pour encourager une lecture impartiale du romancier.

Tels romans de Mauriac sont déjà devenus des classiques français du XXᵉ siècle. Ils représentent une tradition
et une structure littéraire qu'on ne saurait négliger ; même
leurs imperfections et leurs contradictions internes sont
riches d'enseignement. En les étudiant, le critique cherche à
cerner la spécificité d'une œuvre connue et appréciée loin
des frontières de la France et du catholicisme. Là, la répu-
tation de Mauriac ne doit rien aux controverses sur la Grâce
ou aux vertus du gaullisme ; c'est avant tout un texte romanesque qu'interroge le lecteur. Le roman de Mauriac, œuvre
d'art mais aussi roman à thèse, texte psychologique et docu-

3

ment social, récit objectif et confession autobiographique, exige une lecture plurielle qui mette en valeur ses divers niveaux de signification.

Parmi les chefs-d'œuvre de Mauriac, *Le Nœud de vipères* figure au premier plan. Certains lui préfèrent *Thérèse Desqueyroux* et Mauriac lui-même éprouve un étrange sentiment d'ambivalence envers ce roman audacieux, le plus noir et le plus révélateur de ses œuvres. Il dira dans la préface au *Nœud de vipères* dans l'édition de ses Œuvres complètes : « Le Nœud de vipères [...] *est en général considéré comme le meilleur de mes romans. Ce n'est pas mon préféré, bien que j'y aie atteint, me semble-t-il, l'espèce de perfection qui m'est propre.* » (III,III). Mauriac affirme dans la même préface que *Le Nœud de vipères* est, avec *Les Anges noirs* et *Ce qui était perdu*, le seul de ses romans qui mérite d'être appelé catholique, le seul fondé tout entier sur la Révélation. Et pourtant ce roman salué comme un chef-d'œuvre par la critique catholique, Mauriac a éprouvé le besoin de l'expier en écrivant *Le Mystère Frontenac* : « *Si j'avais dû mourir, je n'aurais pas voulu que* Le Nœud de vipères *fût le dernier de mes livres. Avec* Le Mystère Frontenac, *je faisais amende honorable à la race.* » (IV,II). Même la forme du roman, « *une lettre-réquisitoire qui tourne au journal intime* », a fini par lui déplaire : « *Peut-être parce que ce procédé mal imité chez les autres, me gêne-t-il un peu quand je relis ce* Nœud de vipères, *que je suis tout de même fier d'avoir écrit.* » (III,III).

Pourquoi ce roman suscite-t-il des sentiments contradictoires chez son créateur ? Claude Mauriac note, à propos du film de Franju, cette confession flaubertienne de son père : « *En un sens, Thérèse Desqueyroux, c'est moi. J'y ai mis toute mon exaspération à l'égard d'une famille que je ne supportais pas.* »[1]. Pourquoi Mauriac préfère-t-il s'identifier

4

avec une empoisonneuse plutôt qu'avec le vieux misanthrope du *Nœud de vipères* qui est un grand bourgeois de Bordeaux comme son créateur ? La peinture de la famille est plus féroce dans *Le Nœud de vipères* que dans *Thérèse Desqueyroux*, mais Mauriac n'invoquera jamais Louis. L'écrivain n'arrive pas à se défaire d'un sentiment de malaise envers son chef-d'œuvre. Malaise justifié, car ce roman clef concentre toutes les préoccupations et révèle toutes les obsessions de son créateur. Nœud de vipères, c'est aussi le point nodal du roman mauriacien, le point d'intersection des thèmes et des contradictions de l'œuvre, un texte complexe et riche, susceptible de diverses lectures.

Le *Nœud de vipères* n'est pas un roman de plus, écrit par l'écrivain catholique, bourgeois et bordelais que fut François Mauriac, mais le roman mauriacien par excellence. Foyer où se concentrent toutes les postulations contraires de l'écrivain et de l'homme, *Le Nœud de vipères* revendique un rang privilégié au centre de l'œuvre. Le titre est significatif : le nœud gordien des convoitises et des renoncements, de la haine et de l'amour, de la foi et de l'incroyance, forme la métaphore centrale du roman. La place du *Nœud de vipères* dans la chronologie de l'œuvre et dans la vie de l'écrivain ne fait que confirmer cette impression.

I

LA GENÈSE DU ROMAN

Le Nœud de vipères
dans l'œuvre de Mauriac

L A publication du *Nœud de vipères* en 1932 couronne une carrière de romancier qui avait commencé pour Mauriac dix ans plus tôt avec le succès du *Baiser au lépreux*. L'adieu à l'adolescence a été dit depuis longtemps et pourtant le milieu familial continue à hanter l'écrivain. Les romans qui précèdent *Le Nœud de vipères* mettent en scène des adolescents attardés ou bien des femmes malheureuses qui, comme le jeune homme, se trouvent dans une situation de dépendance et d'infériorité au sein d'une famille dominatrice. Le héros mauriacien avant *Le Nœud de vipères* c'est Jean Péloueyre, l'adolescent dégénéré du *Baiser au lépreux* et sa femme Noémi, c'est Raymond Courrèges, le jeune garçon marqué par sa première passion (*Le Désert de l'amour*), c'est Fernand Cazenave, enfant vieilli tyrannisé par sa *genitrix*, c'est Thérèse Desqueyroux, jeune mariée victime de son milieu, c'est enfin Elisabeth Gornac, femme vieillissante qui se révolte contre son destin avant de sombrer à nouveau dans l'apathie de sa condition (*Destins*).

Dans tous ces romans la tribu étouffe et subjugue l'individu. La tyrannie qu'une famille bourgeoise et bien-pensante exerce contre l'individu rebelle arrive à son apogée dans *Thérèse Desqueyroux* (1927). Dans cette œuvre Mauriac dénonce déjà le « nœud de vipères » d'hypocrisie et de médiocrité qui enchaîne son héroïne. Et pourtant ce roman scandalise moins le public et l'écrivain lui-même que *Le Nœud de vipères* écrit quelques années plus tard. Après *Thérèse Desqueyroux* Mauriac n'éprouvera pas le besoin d'expier ses torts envers l'institution familiale. Il faut donc admettre qu'une différence essentielle sépare *Le Nœud de vipères* des romans qui le précèdent. Quelle est cette différence ?

Le milieu décrit a beau être le même, le point de vue de l'auteur a changé. Dans *Le Nœud de vipères* Mauriac met pour la première fois au centre de son œuvre un homme adulte, un père de famille conscient de ses responsabilités. Le citoyen respectable, le propriétaire, l'avocat renommé remplace les victimes de la société, les adolescents désemparés, les solitaires excentriques, les femmes révoltées contre leur sort. Le point de vue du maître, du tyran domestique qui fascine et domine les siens remplace celui de l'esclave, toujours à la merci d'autrui. L'œuvre romanesque se libère de l'ombre tutélaire de la mère qui hante le romancier depuis ses débuts pour assumer enfin le point de vue du père que Mauriac n'a jamais connu. À 47 ans, devenu lui-même père de famille, Mauriac écrit le roman de la vie adulte, des rapports entre les générations. Dans ce bilan d'une vie le romancier remet en cause les valeurs d'un certain milieu bourgeois et catholique, mais cette fois le point de vue est celui d'un pilier de la société qu'il critique. De ce fait l'œuvre paraît infiniment plus dangereuse à l'ordre établi que les récriminations des adolescents ou des femmes de province.

Ce changement d'optique affecte la tonalité du roman. *Le Nœud de vipères* est un roman poétique comme toutes les œuvres narratives de Mauriac, mais le lyrisme diffus du roman-poème se double ici d'un réalisme surprenant. Aucune autre œuvre de Mauriac n'est ancrée profondément dans les réalités de la vie quotidienne, aucune ne traite aussi crûment l'argent et la sexualité. Les mariages autant que les liaisons passagères révèlent le lien indissoluble entre ces deux thèmes balzaciens. Tout a un prix. Louis le narrateur avoue : « *J'aime que tout soit tarifé ; oserais-je avouer cette honte ? Ce qui me plaisait dans la débauche, c'était peut-être qu'elle fût à prix fixe* » (*NV*,91).

En effet, dans l'univers du narrateur tous les rapports humains ont leur équivalent en argent. À la mère de son fils naturel il verse une maigre rente ; à Ïsa sa femme une somme qu'elle n'osera dépasser : « *Toi, je t'avais "pensionnée" ; tu me connaissais trop pour attendre de moi un sou de plus que la somme fixée* » (*NV*,90). Il maintient les apparences du mariage pour ne pas renoncer à la dot d'Isa, il offre l'héritage à son fils naturel pour acheter son amour. Quant aux enfants légitimes, leur tendresse fluctue au gré de la fortune-appât que le père agite devant leurs yeux. Monstre d'avarice, Louis finit par se révolter contre les règles du jeu matérialiste, et le roman dit sa quête d'un amour désintéressé qu'il ne trouvera qu'en Dieu.

Pour dépeindre ce personnage exceptionnel dans son œuvre, Mauriac se sert d'une technique qu'il n'utilise que rarement : le récit à la première personne. Depuis ses œuvres de débutant, *La Robe prétexte* (1914) et *Préséances* (1921), l'écrivain n'avait pas employé cette forme. Il y reviendra dans son dernier roman *Un Adolescent d'autrefois* (1969) qui retourne aux lieux et aux préoccupations de sa jeunesse et dans le fragment posthume *Maltaverne* [2].

le roman et l'autobiographie

Que savons-nous de l'homme qui dit « je » dans *Le Nœud de vipères* ? Nous ne connaîtrons du narrateur que son prénom : Louis, celui d'un oncle incroyant de Mauriac, qui a prêté certains traits au personnage du roman. Mauriac avoue qu'il a emprunté certaines données de *Genitrix* et du *Nœud de vipères* à son beau-père banquier (voir *NMI*,237). Un critique, M. Spillebout, présente une hypothèse intéressante dans son édition du roman. Louis serait une incarnation du père de l'écrivain : « [...] *l'enfance à Calèse d'Hubert et de Geneviève n'est pas autre chose que la reconstitution de ce qu'aurait pu être la sienne* [celle de Mauriac], *si son père avait vécu et si l'incroyance paternelle s'était heurtée de front à la dévotion de la mère.* »[3]. C'est reconnaître en tout cas les liens de parenté et de sang entre le romancier et son personnage.

L'œuvre présente-t-elle des éléments autobiographiques ? Il est certain qu'à l'époque où il écrit *Le Nœud de vipères* Mauriac est fasciné par les rapports complexes entre le romancier et ses créatures, entre la fiction littéraire et la réalité biographique. Les livres qu'il publie dans les années 1932-33 témoignent de cet intérêt. En 1932 paraît *Commencements d'une vie*, un essai autobiographique qui ne dépasse pas l'enfance. En 1933 Mauriac publie *Le Romancier et ses personnages* ainsi que *Le Mystère Frontenac*, une autobiographie à peine déguisée où il se met en scène sous le nom d'Yves Frontenac. Le récit s'achève au seuil de la vie adulte.

L'abondance des écrits personnels dans l'œuvre de Mauriac, les confidences qu'il prodigue sur la complicité du romancier avec ses personnages poussent le lecteur indiscret à s'interroger sur les rapports qui existent entre Louis et son créateur. Comme le remarque Philippe Lejeune, en n'écrivant que des fragments d'autobiographie, Mauriac contraint le lecteur à lire toute son œuvre romanesque « *dans le registre autobiographique* », à chercher l'écrivain derrière le personnage [4]. Louis ne serait-il pas Mauriac parvenu à l'âge de raison, Mauriac grand bourgeois et père de famille qui, dans *Le Nœud de vipères*, confesse « le plus trouble de lui-même », sa misanthropie et sa révolte contre la condition humaine ?

Quoi qu'il en soit, la tentation de l'autobiographie explicite ou déguisée demeure présente dans l'œuvre jusqu'au dernier roman de l'octogénaire, *Un Adolescent d'autrefois* :

Visiblement obsédé par l'autobiographie, Mauriac n'a pu se résoudre à écrire la sienne, ni à renoncer à l'écrire : d'où la prolifération d'écrits marginaux autour d'un récit central qu'il n'a jamais fait : *Commencements d'une vie* est un prélude, *Les Mémoires intérieurs* une diversion, et *Les Nouveaux mémoires intérieurs* une méditation autobiographique en marge du récit éludé. [5]

Comme l'a reconnu l'écrivain lui-même, le récit éludé se glisse dans l'œuvre romanesque, « seule fiction ne ment pas ». Mais pourquoi le projet autobiographique qui semble fasciner Mauriac échoue-t-il fatalement ? À lire les chefs-d'œuvre de l'autobiographie, il semble que ce genre présuppose, pour réussir pleinement, une solution de continuité dans la vie de l'écrivain, une rupture, un traumatisme qui coupe le cordon ombilical qui lie l'écrivain à son milieu social et familial, et surtout à sa jeunesse. Que ce soit une conversion (saint Augustin), la rupture avec la société (Rousseau), la haine de la famille (Stendhal), la Révolution et l'exil (Chateaubriand), la rupture avec la bourgeoisie (Sartre) — à l'origine de toute autobiographie se trouvent des bouleversements qui scindent une existence en deux et facilitent ainsi le détachement nécessaire. Or Mauriac n'a jamais rompu avec les siens ; il n'a jamais coupé le cordon qui le liait aux conventions morales et aux conventions religieuses de son milieu. Même la rupture spatiale, l'exil — fût-il de courte durée — fait défaut. Le départ n'a jamais eu lieu. Toute la vie de Mauriac, comme celle de ses personnages, s'est déroulée au rythme des déplacements aller et retour entre Paris et la Gironde.

On comprend qu'un écrivain resté fidèle à la famille et aux rites de sa classe ait reculé devant les révélations pénibles de l'autobiographie. Gide, libéré des conventions du fait de son homosexualité proclamée, a pu écrire dans *Si le grain ne meurt* une autobiographie qui n'hésite pas à choquer. Mauriac a refusé l'exhibitionnisme et le scandale, il a préféré une forme de confession voilée qui lui est particulière. Le vieillard de *Maltaverne*, Mauriac octogénaire, définit en ces termes l'originalité de son œuvre : « *Je savais que ces chroniques ne ressemblaient pas aux autres et qu'elles étaient aimées de quelques-uns à cause de cette confession à peine voulue que je faisais au premier venu et à personne.* » (*Malt.*,26).

L'autobiographie, pleinement assumée, avec ce qu'elle comporte d'introspection audacieuse et de dénonciation sociale, exige un constat de rupture, et ce constat Mauriac s'est toujours refusé à le signer. Dans l'autobiographie, comme dans le roman, Mauriac est resté passif, « quiétiste » pour employer le terme de C.-E. Magny. L'autobiographie est une déclaration d'altérité impossible à faire pour qui reste fidèle au bercail. Et pourtant il y a eu une époque dans la vie de Mauriac où il s'est trouvé proche de la rupture, où il hésita au bord de ce qui était pour lui l'abîme. C'est le moment du *Nœud de vipères*. Jamais Mauriac n'ira plus loin dans la condamnation de la famille bien-pensante, du mélange impur de matérialisme et de religion qui la caractérise.

Est-ce Mauriac qui parle dans *Le Nœud de vipères* ?

11

L'ambiguïté qui plane sur l'identité du « je » narrateur, possesseur d'« *un don réel d'écrivain* » (*NV*,280), Bordelais et
catholique comme son créateur, ne semble pas découler
d'une décision consciente de l'écrivain. Seul parmi tous les
personnages de Mauriac, Louis le narrateur ne porte pas de
nom de famille. Individu au ban de la tribu, rebelle contre
les fondements de la société qui l'entoure : sa religion, sa
morale, ses rites — il est juste qu'il soit dépouillé du patronyme. Le nom du père signifie avant tout l'ordre établi,
l'autorité, les valeurs que nous ont transmises nos ancêtres.
Louis, en les remettant en cause, se dépouille du nom qui le
rattache à la race. Dans la version première du roman, le
protagoniste était affublé d'un nom complet : Jean Capeyron.
Pourquoi Mauriac l'a-t-il privé du patronyme ? Fait caractéristique et qui souligne la portée profonde du geste, Mauriac,
si conscient de sa technique, avoue qu'il ne peut pas expliquer sa décision : « *Pourquoi le héros de ce roman n'est-il
désigné que par son prénom ? Pourquoi l'ai-je privé d'un
nom patronymique ? Il est étrange que je ne puisse aujour-
d'hui donner aucune réponse à cette question.* » (III,III).

Écrit dans une période de rupture et de révolte contre
les entraves du catholicisme et de la famille, *Le Nœud de
vipères* autant que *Le Mystère Frontenac*, mais autrement,
demande à être lu dans un registre autobiographique. Les
circonstances exactes de sa rédaction confirment son caractère à la fois exceptionnel et central. Mauriac écrit *Le Nœud
de vipères* à l'issue d'une époque troublée de sa vie, celle de
sa « crise spirituelle ».

la crise spirituelle

La chronologie de ce qu'il est convenu d'appeler « la
crise religieuse » de Mauriac s'avère aussi difficile à établir

que l'exacte nature de cette crise. La peur du scandale et la discrétion des contemporains condamnent à l'oubli les détails d'une époque cruciale pour l'homme et l'écrivain. Les témoignages de Mauriac lui-même, comme nous verrons par la suite, sont contradictoires. L'œuvre littéraire marque en tout cas, dès 1925 — l'année de la quarantaine de Mauriac —, un désarroi croissant, une révolte qui va s'exacerbant. Un conflit se dessine entre la chair et l'esprit chrétien ; Mauriac l'exprime d'abord dans les poèmes érotiques d'*Orages*. L'édition originale des 28 premiers poèmes paraît en 1925. Il suffit de citer quelques titres : « *Faune* », « *Assassin* », « *Tartufe* », « *Le Regret du péché* », « *Péché mortel* », « *Le Désir* », « *Lumière du corps* ». Dans ce dernier se trouvent ces vers étranges :

> Aimons-nous sourdement afin que nos étreintes
> N'attirent pas Celui qui les hait
> De peur qu'il ne rallume en nous la lampe éteinte
> Cachons notre folie à Celui qui la hait.   (VI,439)

 C'est dire que la crise religieuse fut d'abord une crise charnelle et une révolte contre le mariage chrétien. La même révolte s'exprime dans *Souffrances du chrétien* (paru d'abord en 1928 sous le titre *Supplément au traité de la concupiscence de Bossuet*) qui reproche au christianisme de ne pas faire sa part à la chair. Dans la postface chronologique aux *Nouveaux mémoires intérieurs*, Mauriac note à propos de son mariage, auquel il dut « *son plus grand bonheur* » : « *Je dus passer par des traverses que je n'ai pas à rapporter ici mais dont le romancier bénéficia.* » (*NMI*,237).

Les biographes français de Mauriac passent cette période sous silence, les critiques anglais, plus audacieux, font discrètement allusion à des difficultés conjugales [6]. Peu importent les détails biographiques, l'œuvre est révélatrice par ses préoccupations. En 1929 paraissent trois récits dont deux : *Coups de couteau* et *Un Homme de lettres* abordent le problème du couple. Dans la préface écrite à ces textes dans l'édition des *Œuvres complètes* Mauriac explique l'intérêt qu'il porte « *au conflit secret de chaque foyer, à l'insoluble débat de l'homme et de la femme que le hasard attelle ensemble et courbe sous le même joug jusqu'à la mort d'un des conjoints* » (IV,125). Ce sera le drame du *Nœud de vipères*.

Mais avant ce dernier roman d'une période troublée de sa vie, Mauriac a écrit d'autres œuvres centrées sur un thème commun : la révolte manquée contre les entraves de l'éducation, de la famille et de la société. Dans *Le Désert de l'amour* (1925) Raymond Courrèges n'échappe pas à l'emprise de son passé ; dans *Thérèse Desqueyroux* (1926) l'héroïne ne sera libre qu'en apparence, puisqu'elle demeure économiquement dépendante de la famille ; dans *Destins* (1928) seule la mort délivrera une chrétienne vieillissante du désir désespéré qu'elle nourrit pour un jeune homme qui pourrait être son fils. La fuite manquée, la révolte avortée, la rupture jamais consommée — ce dénominateur commun des romans de la maturité de Mauriac arrivera à son apogée dans *Le Nœud de vipères*.

La crise de la quarantaine, Mauriac la décrit trente ans plus tard dans *Ce que je crois* (1962). Il la situe

[...] à l'époque de ma vie qui fut la pire, je crois bien, et qu'expriment les pages de *Souffrances d'un chrétien*. Pendant deux ou trois ans, je fus comme fou. Presque rien n'en apparaissait au dehors. Les raisons épisodiques de cette folie en recouvraient de plus obscures, nées à l'intersection de la chair et de l'âme, en ce milieu du chemin de la vie qu'est la quarantaine sonnée. (*CC*,162)

et ailleurs : « *J'errais à travers Paris comme un chien perdu, comme un chien sans collier.* » (*CC*,163). Louis, dépouillé de

14

son nom de famille, sera lui aussi semblable à un chien sans collier, qui erre dans un monde hostile.

Quelles sont les années exactes de cette crise qui s'annonce dès 1925 ? À en croire P.-H. Simon, revu par Mauriac lui-même : « [...] *autour de l'année 1928, une crise intérieure se développe, que marque d'abord la* Vie de Racine » (*Lui-même*,72). « Souffrances du chrétien, *qui paraît dans la* N.R.F. *en 1929, est le dernier cri amer du cœur qui se défend, et* Bonheur du chrétien, *quelques mois plus tard, le cantique d'action de grâces — un peu forcé, dirait-on encore — d'un cœur qui se donne.* Dieu et Mammon, *en 1930, résume le drame et opte pour Dieu.* » (75).

L'année 1930 marque en apparence le retour du pécheur au bercail. *Le Nœud de vipères*, paru en 1932, serait donc, sans aucun doute possible, le roman de la conversion, digne d'être salué par Charles Du Bos « *comme la réussite accomplie d'un grand roman catholique* » [7].

La vérité semble plus complexe. Dans la chronologie de sa vie, qui figure en appendice aux *Nouveaux mémoires intérieurs*, Mauriac écrit : « *Je note pourtant que durant ces années-là, une crise religieuse avait précédé de trois ans le coup de gong de l'opération que je dus subir.* » (*NMI*,240).

Or, l'opération a eu lieu en 1932. Si la crise a précédé l'opération de deux ou trois ans, son apogée se situe donc entre 1929 et 1932, en pleine « conversion ». M. Séailles, dans son étude sur Mauriac, semble plus proche de la vérité lorsqu'il distingue deux périodes de crise, celle de 1925—1929, et un rebondissement en 1932—1934 [8]. Il faut peut-être accepter l'idée d'une crise continue de 1925 à 1933. Cette époque de désarroi et de révolte est aussi celle des chefs-d'œuvre incontestables.

Quelle que soit la chronologie exacte de la crise, *Le Nœud de vipères*, loin d'être le vrai roman du salut, apparaît plutôt comme le dernier des romans de la révolte manquée. Louis le mal aimé semble un proche parent des héroïnes frustrées des romans qui le précèdent, un frère de Thérèse Desqueyroux et d'Elisabeth Gornac. Né du plus profond de la révolte et de la révulsion, *Le Nœud de vipères* n'apporte pas la paix mais le glaive. C'est *Le Mystère Frontenac*, écrit l'année suivante, après l'opération qui sauve la vie à Mauriac, qui sera le lieu de la vraie conversion. Une faille se dessine entre *Le Nœud de vipères*, confession d'un « monstre » de haine, et *Le Mystère Frontenac*, franchement autobiographique, dans lequel Mauriac se réconcilie avec le milieu qu'il a si cruellement dénoncé. *Le Nœud de vipères* charrie les épaves d'une révolte que même les derniers chapitres n'arrivent pas à couler. Comme son nom l'indique, le roman grouille encore de haine et de rancœur[9].

les deux versions

Comment expliquer alors le message édifiant du *Nœud de vipères*, la conversion *in extremis* du vieillard incroyant et les témoignages des siens qui attestent son « délire religieux » ? La réponse se trouve peut-être dans un cahier conservé à la Bibliothèque Doucet. C'est l'état premier du *Nœud de vipères*, le seul manuscrit connu du roman. Texte tronqué ; puisqu'il s'arrête à la fin du chapitre XVII, et ne porte pas d'avertissement au lecteur.

Dans le texte du *Nœud de vipères* les allusions religieuses ne manquent pas. Quelques fois, au cours de sa vie, Louis a eu la sensation, « *la certitude presque physique qu'il existait un autre monde, une réalité dont nous ne connaissons que l'ombre...* » (*NV*,46). La solution chrétienne reste cependant une virtualité, une issue vaguement entrevue mais rejetée

16

parce que la foi religieuse semble à Louis l'apanage de sa famille haïe. C'est dans la dernière partie du roman que les événements se précipitent : le vieillard se réconcilie avec Dieu et les siens, se convertit, et ses méditations religieuses projettent une lueur catholique sur ce qui précède. Les éléments religieux du roman se concentrent dans les trois derniers chapitres, renforcés par le témoignage extra-textuel de la lettre de Janine. Or ces derniers chapitres, ainsi que l'avertissement au lecteur où Mauriac s'efforce de donner une dimension chrétienne à son personnage — « *Non, ce n'était pas l'argent que cet avare chérissait, ce n'est pas de vengeance que ce furieux avait faim...* » — ne figurent pas dans la première version du roman.

Le manuscrit se termine par le retour de Louis au bercail. Les enfants ont déjoué les manœuvres du père pour les déshériter, le fils naturel s'avère aussi décevant que le fils légitime ; la révolte contre la famille, symbolisée par la fuite à Paris, échoue lamentablement. Vaincu, Louis renonce à ses propriétés et rentre mourir au sein de la famille. Ce dénouement, qu'il modifie dans *Le Nœud de vipères* par l'intervention du surnaturel, Mauriac le reprendra dans son prochain roman, *La Fin de la nuit* (1935). Thérèse Desqueyroux, pour laquelle Mauriac ne pouvait imaginer de conversion possible, aura la mort qui devait être celle de Louis. Vaincue, vieillie, rendue à la merci de la famille, elle reviendra mourir au pays natal.

Le dix-septième chapitre du texte publié se termine sur la réaction de Geneviève au montant de la rente qui doit être versée à Robert : « *Dix-huit mille francs par an... Ne trouves-tu pas que c'est beaucoup ?* ». À ce dénouement ironiquement réaliste, la version finale substitue une phrase inachevée : « *[...] cet amour dont je connais enfin le nom ador...* », dont l'inachèvement même filtre le surnaturel. Une fois de plus,

17

inexpressable

les points de suspension, comme les majuscules, suggèrent la présence de l'ineffable [11].

Que s'est-il passé entre la première version encore « balzacienne » et incroyante, et la version définitive, catholique et édifiante ? Le manuscrit porte les dates suivantes : *16 février 1931—29 août 1932*. La seconde date semble erronée, puisque le roman a paru en librairie en février 1932. Août 1932 est probablement une erreur pour août 1931 [12]. La date du début est confirmée par le témoignage de Claude Mauriac dans ses mémoires : « *Aujourd'hui lundi 16 février 1931, papa* [François Mauriac] *commence un nouveau roman.* » Entre parenthèses, en citant une note du 26 septembre 1931, Claude Mauriac précise qu'il s'agit du *Nœud de vipères* [13]. À ce moment-là Mauriac devait avoir achevé la première version de son texte, et il avait déjà choisi le titre de son prochain roman. Entre août 1931 et février 1932, date de sa publication, se situe probablement la métamorphose du roman et l'élaboration d'une deuxième version, plus « catholique », plus conforme peut-être aux désirs du directeur de conscience que Mauriac avait à cette époque. L'abbé Altermann était un redoutable pêcheur d'âmes et c'est peut-être sur ses instances que Mauriac a changé le dénouement de son roman [14].

Le manuscrit de la deuxième version ne nous est point parvenu, mais le décalage entre le manuscrit tronqué et la version publiée nous oblige à conclure qu'il y a eu deux *Nœud de vipères*. Il semble donc que la vraie conversion littéraire de Mauriac ne se situe pas avant *Le Nœud de vipères*, mais au cours même du *Nœud de vipères*, plus précisément dans le texte lui-même, dans l'espace qui sépare les dix-sept premiers chapitres du dénouement publié. La conversion romanesque, en tout cas, se situe dans ce blanc qui

sépare le cahier interrompu de l'écrivain de la version définitive et chrétienne du cahier interrompu de son héros.
L'autobiographie d'un « monstre » révolté devient une confession médiatisée par Dieu.

C'est encore affirmer la place centrale du roman dans
l'ensemble de l'œuvre mauriacienne, où la critique distingue
d'ailleurs une période d'avant *Le Nœud de vipères* et une
période après *Le Nœud de vipères.* Mais c'est à l'intérieur
même du roman que se trouve le point d'intersection de la
vie et du texte. C'est là qu'ils se nouent et se tordent dans
un enchevêtrement inextricable. On comprend qu'un critique
anglais, M. Turnell, considère *Le Nœud de vipères* comme la
première œuvre du déclin et *Le Mystère Frontenac* comme
une défaite dont l'œuvre romanesque de Mauriac ne se relè-
vera plus jamais [15]. C'est porter un jugement bien sévère sur
la deuxième période romanesque de l'écrivain, qui se place
sous le signe de la réconciliation. Reste que *Le Nœud de
vipères,* roman contradictoire, marque l'apogée et la défaite
de la révolte mauriacienne. Désormais le surnaturel conso-
lera les rebelles vaincus, comme Louis ou comme Thérèse [16].
Au seuil de la maison familiale où ils n'ont pas su vivre, la
mort, vieille conciliatrice, leur fait signe.

II

TECHNIQUE ET THÈSE

lettre, journal, mémoires

T EXTE écrit à la première personne, *Le Nœud de vipères*
échappe à toute définition générique. Louis écrit-il une
lettre, un journal intime ou peut-être les mémoires
d'une vie ? Une lecture attentive révèle la co-existence dans
ce roman complexe de tous ces éléments disparates [17].

C'est d'abord une lettre et la première phrase du livre
qui s'adresse à la destinataire Isa, la femme de l'auteur,
l'indique clairement : « *Tu seras étonnée de découvrir cette
lettre dans mon coffre, sur un paquet de titres.* » Il est vrai
qu'Isa ne doit lire la lettre qui lui est destinée qu'après la
mort de l'auteur, mais le besoin qui pousse Louis à communiquer avec sa femme défie la logique ; c'est au-delà de la
mort qu'il entame un dialogue impossible :

Mais liras-tu seulement ma lettre ? Tout cela t'intéresse si peu !
Je tente cette dernière chance. Peut-être aurais-je sur toi plus de
pouvoir mort que vivant. Du moins dans les premiers jours. Je
reprendrai pour quelques semaines une place dans ta vie. Ne
serait-ce que par devoir, tu liras ces pages jusqu'au bout ; j'ai
besoin de le croire. Je le crois.   (*NV*,21)

Louis cherche dans le passé les germes de sa solitude,
les racines du malentendu qui n'a cessé de régner entre les

époux. La lettre qui véhicule les rancunes et les souvenirs de toute une vie se dilate et change finalement de nature : « *Ce n'est plus une lettre, mais un journal interrompu, repris...* » (*NV*,36).

Il est poignant de retrouver la même voix, le même procédé dans le dernier fragment de l'écrivain octogénaire *Maltaverne* : « *Cette lettre, la dernière sans doute que j'écrirai avant ma mort, je n'ai plus personne à qui l'adresser. L'octogénaire que je suis a échappé au massacre de tous les siens, de tous ceux avec qui il s'entendait à demi-mot.* » (*Malt.*,5). La lettre s'adresse pourtant à quelqu'un, à un jeune admirateur Jean de Cernès qui, comme Isa, devait mourir par la suite, pour laisser comme ultime destinataire du texte : Dieu et le lecteur. Retour en arrière, histoire d'une vie, *Maltaverne* comme *Le Nœud de vipères* marque le flottement entre la lettre et les mémoires : « *Mais ce ne sont pas mes mémoires que j'écris : tout sera vrai dans ma lettre et tout sera imaginé.* » (14).

Commencé comme une lettre, *Le Nœud de vipères* se poursuit sous la forme d'un journal intime que Louis continue d'écrire littéralement jusqu'à sa mort. La fin le surprend à sa table de travail, devant un cahier ouvert, au milieu d'une phrase. Les lettres qui figurent en appendice au roman disent la réaction de la famille devant ce texte compromettant. Janine, la petite-fille du narrateur, se plaint qu'on refuse de lui confier « "*le journal*" » du grand-père (*NV*,283). Le lecteur a le droit d'imaginer que Janine, la personne la plus proche du vieillard, finira par s'emparer du cahier et se chargera de le publier. C'est respecter les conventions du Journal qui veulent qu'on explique au lecteur comment le texte intime qu'il est en train de lire a été découvert.

Mais Janine a raison de mettre le mot *journal* entre guillemets. Le texte écrit par le narrateur à Calèse, poursuivi à Paris puis repris après son retour à la maison familiale, n'est pas, malgré les apparences, un vrai journal intime. Le journal intime par définition se passe de destinataire manifeste ; en principe c'est un texte que l'auteur écrit pour lui seul. Or *Le Nœud de vipères* n'a pas seulement une destinataire, Isa, il en a plusieurs. La mort d'Isa prive Louis de sa narrataire privilégiée, pour employer un terme de G. Prince [18]. Il n'en continue pas moins à écrire, mais désormais il s'adresse à ses enfants, d'abord à son fils naturel, puis aux héritiers légitimes. Ce n'est qu'à la fin du roman, lorsqu'il aura renoncé à gagner la confiance des siens, que Louis écrira un journal intime authentique, dont il sera à la fois le narrateur et le narrataire.

Ce n'est pas tout. Le journal intime se déroule au présent, dans une durée qui se déploie simultanément devant l'écrivain et le lecteur. Dans les mémoires par contre, l'auteur narre un passé révolu, devenu matière épique. Il profite de la distance temporelle entre le présent où il écrit et le passé qu'il décrit pour donner plus de profondeur à son texte. L'écrivain-narrateur intervient dans la narration pour commenter et interpréter. Le roman-mémoires, comme l'autobiographie, se fonde sur un va-et-vient perpétuel entre le passé éloigné ou récent et le présent de l'écriture. Cette vision rétrospective caractérise *Le Nœud de vipères* et permet à Mauriac des effets d'ironie et d'introspection qui seraient impensables dans un récit chronologiquement linéaire.

Le passé éclaire le présent, le présent ramène au passé. Les passages rétrospectifs sont la matière même de ce roman d'une vie. L'évocation des fiançailles du couple et des discussions qui accompagnent le contrat de mariage présente un exemple frappant de cette vision ultérieure :

Du moment que les Fondaudège ne rompaient pas devant ces exigences, je pouvais dormir tranquille : ils tenaient à moi, croyais-je, parce que tu tenais à moi.

[...] Nous affections, nous les « tourtereaux », de nous désintéresser du débat. J'imagine que tu avais autant de confiance dans le génie de ton père que moi dans celui de ma mère. Et après tout, peut-être ne savions-nous, ni l'un ni l'autre, à quel point nous aimions l'argent...

Non, je suis injuste. Tu ne l'as jamais aimé qu'à cause des enfants. (*NV*,51)

Le lecteur comme le vieillard est sensible à l'ironie. Si les Fondaudège cèdent devant les exigences de la mère du narrateur, ce n'est pas au nom de l'amour qu'Isa porte à son fiancé disgracieux, c'est parce qu'ils le considèrent comme un époux providentiel pour leur fille difficilement « mariable ». Tous les germes du malentendu qui séparera le couple se trouvent déjà dans cette période d'idylle. Dans sa méditation sur le passé Louis tente de comprendre le présent. Comment l'amour de l'argent s'est-il substitué dans sa vie à l'amour tout court ?

La confrontation permanente du passé et du présent s'exprime évidemment dans les structures temporelles du texte. Les temps du discours, le présent, l'impératif et le futur se mêlent constamment aux prétérits de la narration historique. L'emploi de la deuxième personne donne au texte un air de faux dialogue :

Marinette avait une trentaine d'années, à cette époque, mais rappelle-toi son aspect de jeune fille. Elle s'était laissé marier docilement à un vieillard, l'avait subi sans révolte. Vous ne doutiez pas qu'elle dût se soumettre aisément aux obligations du veuvage. Vous comptiez pour rien la secousse de la délivrance, cette brusque sortie du tunnel, en pleine lumière.

Non, Isa ne crains pas que j'abuse de l'avantage qui m'est ici donné. (*NV*,112)

Combien de visages joints, à cette heure, d'épaules rapprochées !
Quelle complicité ! Je voyais nettement une larme au bord de ses
cils. Dans l'immobilité du monde, il n'y avait de vivant que son
souffle. Elle était toujours un peu haletante... Que reste-t-il de
toi, ce soir, Marinette, morte en 1900 ? Que reste-t-il d'un corps
enseveli depuis trente années ?   (*NV*,123)

Le Nœud de vipères, roman réaliste, est aussi un dialogue
avec des absents et des morts, une lamentation lyrique sur
le bonheur refusé et perdu à jamais, sur l'incommunicabilité
des consciences. Le récit à la première personne rend plus
poignante la détresse d'un homme replié sur lui-même.

Mais Mauriac ne se contente pas du témoignage subjectif du vieillard. Comme s'il voulait transcender les limites
du récit univoque, il ajoute au texte deux dépositions « objec-
tives » et contradictoires : le commentaire d'Hubert qui se
veut représentant du bon sens et de la mesure, et celui de
Janine qui est un avatar féminin du narrateur. Une note
liminaire avertit le lecteur de l'ambiguïté du roman qu'il va
lire et tente d'emblée de lui imposer une certaine lecture :

Cet ennemi des siens, ce cœur dévoré par la haine et par l'avarice, je veux qu'en dépit de sa bassesse vous le preniez en pitié ;
je veux qu'il intéresse votre cœur.
[...] Non, ce n'était pas l'argent que cet avare chérissait, ce
n'était pas de vengeance que ce furieux avait faim. L'objet véritable de son amour, vous le connaîtrez si vous avez la force
et le courage d'entendre cet homme jusqu'au dernier aveu que
la mort interrompt...

Même l'écho littéraire : « *Ah ! Seigneur ! donnez-moi la force
et le courage / De contempler mon cœur et mon corps sans
dégoût !* » (« *Un Voyage à Cythère* » de Baudelaire) sert à
orienter notre interprétation du texte dans le sens voulu par
l'écrivain. L'avant-propos fonctionne comme une intervention
d'auteur. Dans les romans écrits à la troisième personne

Mauriac n'hésite pas à intervenir dans son texte pour juger ses créatures. Sartre lui a reproché dans un article célèbre ces atteintes à la liberté du personnage [19]. Comme elles sont techniquement impossibles dans un récit à la première personne, Mauriac sera forcé, pour imposer quand même le point de vue de l'auteur, de multiplier les interventions extra-textuelles. Le texte publié du *Nœud de vipères* sera flanqué d'une épigraphe et d'un avant-propos, et de deux lettres-épilogues. Ces additions ne figurent pas dans la version manuscrite.

Lettre, journal intime, mémoires d'une vie — *Le Nœud de vipères* est tout cela à la fois. La définition que propose Mauriac lui-même paraît en fin de compte la meilleure. Pour le narrateur, ce qu'il écrit est avant tout une confession : le mot *confession* se retrouve tout au long du texte, et surtout à ses points d'articulation : au début de la première partie, au début de la seconde et au dénouement. Dans la première partie, nous trouvons :

Il faut que je vive encore assez de temps pour achever cette confession...   (*NV*,19)

[...] je me noircis assez, dans cette confession...   (*NV*,56)

Mais je n'arriverai jamais au bout de cette confession si je continue de mêler ainsi le présent au passé.   (*NV*,79)

La seconde partie débute par les phrases suivantes :

Comment ai-je pensé à mettre ce cahier dans mes bagages ? Qu'ai-je à faire maintenant de cette longue confession ? (*NV*,157)

et un peu plus loin, Louis propose un nouveau narrataire à son récit :

D'ailleurs, pourquoi détruirais-je ces pages ? Mon fils, mon héritier, a le droit de me connaître. Par cette confession, je réparerais, dans une faible mesure, l'éloignement où je l'ai tenu depuis qu'il est né.   (*NV*,158)

Déçu par Robert, Louis essaiera de regagner la confiance de ses enfants légitimes qui deviennent les nouveaux destinataires du texte :

J'irai au bout de ce récit. Je sais maintenant à qui je le destine, il fallait que cette confession fût faite ; mais je devrai en supprimer bien des pages dont la lecture serait au-dessus de leurs forces. (*NV*,197)

Ce terme de *confession* n'assume sa pleine valeur qu'inséré dans sa double signification religieuse et laïque. L'autobiographie médiatisée par Dieu devient confession.

le vertige de l'omniscience

La confession se fait à la première personne. Par l'emploi du *je* subjectif, le récit devient paradoxalement plus convaincant que s'il nous était raconté « objectivement » par le narrateur omniscient. Dans les romans de Mauriac écrits à la troisième personne, le lecteur ne peut s'empêcher de ressentir la présence envahissante, parfois étouffante, de l'écrivain dans son œuvre. La critique existentialiste, inaugurée par Sartre et poursuivie par Claude-Edmonde Magny, a reproché à Mauriac son manque de détachement. Une intimité équivoque s'établit entre le romancier et les personnages qu'il a tirés du « plus trouble de lui-même » ; mais Mauriac ne se contente pas d'être le père de ses créatures, il est aussi leur juge. Les rapports entre le romancier et ses personnages ressemblent à ceux que Mauriac établit entre son Dieu et le pécheur. De nombreuses images de chasse montrent Dieu à l'affût du pécheur ; comme Dieu, Mauriac tend des pièges à ses créatures et les juge du haut de sa toute-puissance romanesque. L'omniscience divine porte naturellement préjudice à l'artiste. Les personnages, devenus prévisibles, vont où le romancier les mène pour l'édification du lecteur.

Louis, cependant, cloîtré dans une subjectivité monologique, garde sa liberté ; les interventions extra-textuelles de l'auteur n'infirment pas la possibilité qu'il garde de nous surprendre pour le bien ou pour le mal. Louis résiste presque jusqu'au bout aux tentatives que fait son créateur pour le subjuguer ; c'est à son corps (et esprit) défendant qu'il se soumet à la conversion. Il n'y aura pas pour Louis de suite comparable à *La Fin de la nuit* où le créateur Mauriac règle ses comptes avec sa créature, Thérèse Desqueyroux.

Il y a néanmoins dans *Le Nœud de vipères* des passages où nous sentons la présence de l'écrivain, caché pour la plupart du temps derrière son personnage. Les moments les plus artificiels du roman sont justement ceux où Mauriac n'accepte plus pour sa créature les restrictions de la première personne. Le romancier-Dieu omniscient prête sa vision au personnage-narrateur. Le code du récit à la première personne exige que la narration se limite à ce que le protagoniste peut savoir et apprendre par lui-même, sans enfreindre les règles de la vraisemblance. Mauriac a toujours accepté la tradition de la mimésis réaliste ; dans *Le Nœud de vipères* il se soumet, non sans regimber, aux conventions du genre. Mais il y a des exceptions.

La critique a noté dès la publication du *Nœud de vipères* ses faiblesses de construction romanesque : les coïncidences qui jalonnent l'évolution de l'intrigue, et le coup de théâtre du dénouement édifiant. Au cours de l'intrigue, Louis sait et apprend des choses que logiquement il devrait ignorer. C'est parce qu'il surprend par hasard une conversation des siens qu'il découvre que ses enfants pensent le séquestrer. Cette révélation précipite son départ pour Paris. Par une coïncidence plus fantastique encore, le vieillard découvre à Paris le complot qui se trame contre lui.

Mauriac place ici sa créature dans la situation privilégiée de l'écrivain omniscient lui-même. Lorsque Louis dans l'église Saint-Germain-des-Prés surprend le complot de ses fils, Mauriac trouve des termes révélateurs pour décrire ses sentiments :

> Je les observais de derrière un pilier, comme on regarde une araignée aux prises avec une mouche, lorsqu'on a décidé dans son cœur de détruire à la fois la mouche et l'araignée [...] Et moi, témoin de cette lutte que j'étais seul à savoir inutile et vaine, je me sentis comme un DIEU, prêt à briser ces frêles insectes dans ma main puissante, à écraser du talon ces vipères emmêlées, et je riais. (*NV*,202)

Les atteintes à la vraisemblance, les coïncidences qui font de Louis le témoin invisible des conciliabules secrets, ne sont pas de simples maladresses techniques. Mauriac, écrivain habile, pouvait trouver des solutions plus convaincantes et qui ne détonneraient pas dans un récit à la première personne. Louis pouvait apprendre les machinations de sa famille par son avoué Bourru qui en aurait eu vent, il pouvait apprendre la trahison de Robert de la bouche de celui-ci. Une telle confusion cadrerait bien avec le caractère indécis du fils naturel. Si Mauriac n'a pas choisi des solutions plus plausibles du point de vue de la simple vraisemblance, c'est que sa décision implique plus qu'une technique. Une fois de plus, la technique renvoie à la métaphysique, ou plutôt à la psychologie du créateur.

Le narrateur du *Nœud de vipères* se confond pour Mauriac avec l'écrivain-créateur. Louis « possesseur d'un don réel d'écrivain » obtient les privilèges de l'auteur omniscient. Muni de l'anneau de Gygès, il connaîtra lui aussi les vertiges du voyeur tout-puissant. Lorsque Louis surprend Hubert à la terrasse d'un café de Paris, il ne cache pas son délire : « *Une affreuse fièvre m'envahit : je l'épiais et il ne savait pas que j'étais là.* » (*NV*,199).

Le vieillard aux aguets, qui se délecte de sa situation d'observateur privilégié, apparaît comme le dernier avatar de l'enfant espion qu'évoquent les souvenirs de Mauriac : « *Dans ces milieux obscurs où s'écoule son enfance, dans ces familles jalousement fermées aux étrangers, dans ces pays perdus..., il y avait un enfant espion, un traître, inconscient de sa traîtrise, qui captait, enregistrait, retenait à son insu la vie de tous les jours dans sa complexité obscure.* » (*RP*,289).

Si l'on excepte ces coïncidences révélatrices, Mauriac s'abstient d'intervenir dans son texte. C'est d'ailleurs pourquoi il aura besoin de commentaires hors texte. Louis jouit d'une liberté plus grande que celle que Mauriac accorde d'habitude à ses créatures. L'écrivain n'interviendra que lorsque Louis le mènera trop loin dans la révolte. Lorsque les vipères grouilleront d'une manière trop menaçante, Mauriac cessera d'être Louis pour redevenir le romancier-Dieu. Quand il aura assez observé la vaine agitation de ses créatures, il écrasera ces vipères emmêlées. La réconciliation du dénouement affirme le triomphe du romancier sur sa matière rétive, la victoire de l'écrivain sur son personnage.

Le seul personnage à jouir d'une liberté comparable sera Alain Gajac, l'adolescent d'autrefois qui devient le vieillard de Maltaverne. La parenté entre *Le Nœud de vipères* et ces derniers récits de l'écrivain octogénaire se manifeste même dans le choix de leurs épigraphes. *Le Nœud de vipères* cite sainte Thérèse d'Avila : « *Dieu, considérez que nous ne nous entendons pas nous-mêmes et que nous ne savons pas ce que nous voulons, et que nous nous éloignons infiniment de ce que nous désirons.* » Une idée semblable exprimée par Kafka, figure en épigraphe à *Un Adolescent d'autrefois* : « *J'écris autrement que je ne parle, je parle autrement que je ne pense, je pense autrement que je ne devrais penser, et ainsi jusqu'au plus profond de l'obscurité.* » *Un Adolescent d'autrefois* décrit cette dérive de la conscience incapable de coïncider avec elle-même chez un jeune homme. Alain Gajac, adolescent et vieillard, écrit pour voir plus clair en lui-même. Dans *Le Nœud de vipères*, c'est l'homme mûr qui cherche sa voie. La première personne permet au moi profond de Mauriac de s'exprimer par le biais de sa créature. Elle empêche autant que possible l'intervention du sur-moi toujours vigilant, celui du créateur omniscient et catholique, « le singe de Dieu », comme l'appelle Mauriac. Dans d'autres romans, Mauriac est à la fois juge et partie : il est Yves Frontenac et le juge d'Yves Frontenac, il est Thérèse Desqueyroux et celui qui la condamne au sort d'« une bête puante ». Dans *Le Nœud de vipères* il se contente presque jusqu'au bout d'être celui qui dit « je ».

un roman à thèse ambigu

Grâce à la conversion *in extremis* du narrateur, il est convenu de voir dans *Le Nœud de vipères* un roman exemplaire, la plus parfaite réalisation pour certains du roman mauriacien défini comme roman catholique. Le dénouement édifiant a coloré l'interprétation du roman tout entier. L'intrigue devient une sorte de purgatoire pour l'âme qui sera sauvée lorsque le texte s'achève. Le dénouement religieux justifiera les pires excès de misanthropie et d'incroyance, puisque le salut final oblitère, ou plutôt illumine d'une lumière surnaturelle la misérable vie du pécheur. Tout est bien qui finit bien dans cet univers téléologique.

Mauriac aurait pu placer en tête de son roman les épigraphes choisies par Claudel pour *Le Soulier de satin* : *Etiam peccata* de saint Augustin et le proverbe portugais : *Deus escrive direito por linhas tortas*. *Le Nœud de vipères* se place sans doute possible dans la tradition catholique. Roman qui illustre une doctrine, *Le Nœud de vipères* se présente donc comme un roman à thèse, génériquement semblable à d'autres œuvres qu'on a coutume de ranger dans cette catégorie : *Les Déracinés* de Barrès, *L'Espoir* de Malraux, *Le Cheval de Troie* de Nizan.

Quelles sont les caractéristiques du roman à thèse ? Il est plus facile de définir le roman à thèse que de trouver des spécimens purs de ce genre, qui soient restés dans la littérature. La prépondérance d'éléments extra-littéraires dans cette catégorie du roman en fait des œuvres d'actualité plutôt que d'éternité ; on comprend que le terme soit péjoratif. Et pourtant la distinction est utile, car certaines œuvres se placent, dans une proportion plus forte que d'autres, sous le signe d'une thèse à prouver, d'une conversion à effectuer.

Dans une étude consacrée à la poétique du roman à thèse, S. Suleiman cite les éléments suivants comme caractéristiques du genre :

1) présence d'un système de valeurs à articulation binaire ;

2) appel — explicite ou implicite, mais en tout cas inambigu — au lecteur, soit d'approuver (et, par extension, imiter), soit de condamner (et, par extension, rejeter) l'action du protagoniste ;

3) présence d'un élément doctrinal [20].

L'élément doctrinal, en l'occurrence le système codifié du catholicisme, marque le roman. C'est la doctrine catholique qui exacerbe le conflit entre les époux : la côtelette du vendredi, l'absence à la messe, les blasphèmes proférés

31

devant les enfants, font de Louis un paria au sein de sa propre famille, quelqu'un pour qui il faut beaucoup prier. C'est la même doctrine catholique qui assure le salut du pécheur. Louis sera sauvé en vertu de la réversibilité qui fait de la mort de la petite Marie un instrument de salut pour son père incroyant. La conversion de Louis s'accomplit lorsqu'il se rend compte de ce sacrifice : « *Plus tard, je me suis bouché les oreilles pour ne pas entendre les paroles de Marie agonisante. À ce chevet, pourtant, le secret de la vie et de la mort m'a été livré... Une petite fille mourait pour moi.* » (*NV*,273).

De même, dans *Les Anges noirs*, le prêtre Alain Forcas paiera pour le salut du criminel Gradère : les innocents sauvent les coupables.

Et pourtant, malgré la présence obsédante de la religion dans ce roman, le dénouement catholique a pu apparaître aux critiques comme un coup de théâtre que rien ne justifiait. Le catholicisme marque ce roman, mais lorsque de brèves lueurs de religion traversent la vie ténébreuse de Louis, c'est toujours en fonction d'Isa sa fiancée, qui deviendra sa femme. C'est pour elle ou contre elle que Louis se prononce. C'est grâce à elle que, fiancé chaste et ému, il pressent un autre monde (*NV*,46), c'est le Dieu d'Isa que cherche en gémissant le vieillard abandonné : « *C'est lorsque je me sens le plus lucide que la tentation chrétienne me tourmente. Je ne puis nier qu'une route existe en moi qui pourrait mener à* TON *Dieu.* » (149).

C'est contre le pharisaïsme d'Isa que Louis invoque le vrai christianisme qui « *consiste à suivre l'Évangile au pied de la lettre* » (*NV*,104), qu'il dénonce les chrétiens qui « *défigurent un visage, ce Visage, cette Face* », qu'il invoque « *le Signe que tu adores* » (151). C'est à propos d'elle qu'il demande : « *Le voyait-elle maintenant, Celui dont rien ne* la séparait plus ? Non, il lui restait les ambitions, les exigences de ses enfants. » (182).

« Le monde inconnu de bonté » (NV,204) que Louis entrevoit dans le visage d'une modiste en prière ne garde son attrait que parce qu'il reste « à une distance infinie ». La religion vécue à domicile, à portée de main, se mue en hypocrisie. Les fils du narrateur n'hésitent pas à se rencontrer dans une église, pour éveiller moins de soupçons. C'est là qu'ils concluent leur marché avec Robert, et le narrateur qui les épie, remarque : « Je croyais que rien ne pouvait plus m'étonner. Je me trompais : tandis qu'Alfred et Robert gagnaient la porte, Hubert plongea sa main dans le bénitier, puis, tourné vers le maître-autel, il fit un grand signe de croix. » (203).

Le premier état du manuscrit, la version « incroyante » du Nœud de vipères, se contente de faire allusion à un salut possible, mais infiniment éloigné. Le dénouement du texte publié change la portée du roman et termine la quête par une conversion. Devenu l'histoire d'une conversion, Le Nœud de vipères acquiert une valeur didactique. Tout roman à thèse propose un modèle à suivre. Tel un exemplum médiéval, Le Nœud de vipères présente un apologue religieux : si un avare incroyant et méchant peut découvrir la lumière en renonçant aux biens temporels, et mourir dans la paix après quelques entretiens avec le curé de sa paroisse, à plus forte raison le lecteur, moins attaché que l'avare aux biens de ce monde, pourra-t-il trouver le salut au sein de l'Église.

L'histoire d'une conversion est exemplaire par définition puisqu'elle présente le passage initiatique de l'incroyance à la foi, de l'ignorance à la connaissance, de la perdition au salut, qu'il soit religieux ou politique. En présentant l'aboutissement de sa quête, l'écrivain indique au lecteur l'itinéraire à suivre. Le roman à thèse est une affirmation personnelle autant qu'une formule esthétique ; les éléments extra-littéraires font irruption dans l'œuvre d'art. Semblable en cela à l'autobiographie, le roman à thèse implique la personnalité de l'auteur et met en cause sa sincérité. Le récit d'une conversion ne nous convainc que si nous sommes persuadés de son authenticité. L'auteur du roman à thèse, comme celui d'une autobiographie, se défend d'écrire une œuvre de pure fiction ; cette prétention justifie une approche *ad hominem*. Dans le cas du roman à thèse, et plus particulièrement dans le récit d'une conversion, le premier converti doit être l'auteur.

Mauriac fait-il preuve de cette conviction inébranlable ? Le romancier-artiste semble l'emporter sur le prédicateur didactique, qui cherche à convaincre et à convertir. Voici ce que Mauriac écrit à propos de *Ce qui était perdu* (1930), roman qu'il définit comme fondé sur la révélation chrétienne, de même que *Le Nœud de vipères* et *Les Anges noirs*. Dans une lettre à Jacques-Émile Blanche, l'écrivain déclare : « *Mais mon cher ami, je ne prétends rien prouver ni convertir personne : mon livre reflète, comme les précédents, le Mauriac qui l'a écrit, ses préoccupations, ses espérances... Personne n'a jamais converti personne.* » (p. 158 [21]).

Conversion d'autant plus difficile à mettre en œuvre qu'une thèse religieuse fait appel à l'ineffable. Les cheminements mystérieux de la Grâce sont plus difficiles à expliciter que l'éveil d'une conscience à l'injustice sociale, ou le combat manichéen entre hommes de bonne volonté et fascistes, ouvriers et bourgeois profiteurs. Le lecteur est prêt à faire confiance à un narrateur solitaire qui découvre une vérité indéniable : cependant la présentation d'une conversion sociale ou politique a le bénéfice des faits extérieurs qui peuvent l'étayer et la rendre tangible. Une réalité intérieure risque de se déformer plus facilement qu'une réalité historique ou économique. Il y a plus : un conflit spirituel s'exprime toujours d'une manière plus convaincante que la résolution de ce conflit ; l'art se nourrit de contradictions, non de certitudes. Maint critique a reproché à Mauriac l'invraisemblance de ses conversions *in extremis*, mais c'est tout le phénomène de la conversion qui est problématique dans l'œuvre littéraire [22].

Difficulté d'autant plus grande que la révélation qui attend les héros de Mauriac au bout de leur quête, n'est pas une certitude comme elle devrait l'être, mais une espérance. Le « jansénisme » de Mauriac lui défend les affirmations catégoriques qu'exige le roman à thèse. Les conversions, de ce fait, apparaissent souvent équivoques : « *Car le Dieu auquel je crois est le* Deus abscondutus [...]. *Nous sommes tous dans les ténèbres — mais les uns croient qu'il n'y a pas de fin aux ténèbres et les autres ont la foi...* » (p. 131 [21]).

Ce concept du Dieu caché postule une vision tragique, mais la fonction du romancier édifiant ne permet pas à Mauriac d'écrire des tragédies pures, où le conflit entre l'individu, Dieu et le monde demeure sans issue. La tragédie de Mauriac verse forcément dans le mélodrame sacré. Tout roman à thèse s'apparente d'ailleurs au mélodrame, comme le remarque Ionesco : « *Chaque auteur [...] a un méchant à châtier, un bon à récompenser. Toute œuvre réaliste ou engagée n'est que mélodrame.* » [23].

Mais qu'est-ce que le mélodrame ? Comme le roman à thèse, il repose avant tout sur une distinction binaire entre bons et méchants. Selon A. Ubersfeld, le mélodrame est surtout une structure rassurante, voire infantile où tout finit bien, tout conflit évacué, le chaos et les contradictions de la vie surmontés par l'élimination [24]. Le roman à thèse catholique pourrait donc apparaître comme une sorte de mélodrame sacré ; la conversion *in extremis* devient l'équivalent théologique d'un *happy end* qui résout une fois pour toutes le conflit entre le bien et le mal.

Le récit d'une conversion est en effet le récit d'une prise de conscience, de la découverte d'une opposition manichéenne, masquée auparavant par de vaines apparences. Enfin le voile tombe, les yeux sont dessillés et le protagoniste apprend de quel côté se trouve la vérité qui triomphera au dénouement. Le récit d'une conversion dramatise donc le conflit entre le bien et le mal, tout en sollicitant la sympathie du lecteur pour les bons auxquels finit par se rallier le héros. Chemin faisant, l'auteur inculque à son personnage (et au lecteur) des éléments de l'idéologie privilégiée.

Le Nœud de vipères, grâce à la conversion du héros dans les derniers chapitres, devrait faire partie de ces structures rassurantes et simplificatrices. Mais, malgré les apparences, ce n'est pas une impression de paix et de réconciliation que le lecteur garde de sa lecture. Au contraire, au-delà de la mort du narrateur, le conflit semble se poursuivre dans l'échange Janine—Hubert. Janine qui apparaît comme une projection féminine de Louis, se heurte à l'incompréhension d'Hubert, devenu le chef de famille. Rien n'a changé ; rien n'est résolu.

Il y a plus : un élément essentiel du roman à thèse semble faire défaut au *Nœud de vipères*. La distinction binaire essentielle dans le système du genre, manque d'évidence dans ce roman. Qui sont les héros ? Qui sont les méchants ? Mauriac, meilleur psychologue que théologien, ne présente pas deux systèmes de valeurs religieuses qui s'opposent schématiquement. Faut-il ranger du côté du Mal les pharisiens, les mauvais chrétiens, Isa et les enfants ? Mais nous savons qu'Isa soigne les cancéreux, qu'elle s'est dépouillée de tout amour-propre pour se dévouer à la cause de ses enfants. Isa serait plutôt une intermédiaire entre les deux mondes. Geneviève, Hubert, Alfred sont de mauvais chrétiens, des hypocrites cupides, mais il est difficile de les considérer comme des représentants du Mal, des suppôts de Satan, comme certains personnages de Bernanos. Même Phili si méprisable, finit par gagner l'estime du narrateur par sa révolte contre le culte de l'argent et de la famille. Du côté du Bien, plutôt que des adultes exemplaires, nous ne trouvons qu'un prêtre, qui est à l'arrière-plan, et des enfants qui échappent par leur mort prématurée à la souillure de vivre. L'abbé Ardouin, Marie, Luc, peut-être Marinette « restée » puérile, morte jeune, — voilà « le parti de l'Agneau ».

Avec de tels personnages, la thèse religieuse du *Nœud de vipères* s'affaiblit considérablement. La sainteté est l'apanage des enfants, que reste-t-il aux adultes ? Dans l'avant-propos du roman, Mauriac parle des « *chrétiens médiocres* » qui entourent son héros. Le terme *médiocre* est significatif. Comme l'Église vomit les tièdes, le roman à thèse authentique vomit les médiocres. Le roman à thèse, texte exemplaire et simplificateur met face à face les justes et les salauds, les combattants héroïques et l'ennemi ignoble, les possédés démoniaques et les curés inspirés. Mais le monde de Mauriac est un monde médiocre : c'est une humanité moyenne et imparfaite qu'il met en scène. Comme ses conversions manquent de conviction, ses personnages manquent de dimension mythique. Plus proche de la réalité quotidienne que des simplifications héroïques, *Le Nœud de vipères* n'est pas un texte exemplaire, mais le récit d'un conflit vécu et péniblement surmonté.

Dans d'autres exemples du genre, la ligne de démarcation entre bons et méchants départage l'univers en deux camps ennemis. Dans *Le Nœud de vipères*, cette ligne semble plus intérieure qu'extérieure. C'est dans le cœur du vieillard que se joue le drame entre le Bien et le Mal. Le conflit n'est pas entre deux systèmes religieux qui s'opposent ouvertement, mais entre les deux pôles d'une conscience. Une fois de plus le « nœud de vipères » du titre est justifié par l'enchevêtrement moral et idéologique qui défie toute simplification. Le combat entre le Bien et le Mal, extériorisé par Bernanos dans des confrontations dramatiques et violentes, se déroule chez Mauriac à l'intérieur de la conscience du narrateur. Ce combat se termine par une conversion, donc par la victoire du Bien. Mais une véritable conversion a-t-elle eu lieu ?

Au témoignage de Janine et aux dernières phrases du Journal interrompu qui disent l'illumination de Louis, s'oppose le témoignage sceptique d'Hubert. Aux yeux du « chrétien médiocre », rien ne s'est passé, puisqu'on peut donner des explications rationnelles au détachement de Louis (*NV*,277). La révélation religieuse est susceptible elle aussi, d'explication : « *Cet avocat n'a pas voulu perdre son procès* » (278)... « *Ce cahier, surtout dans les dernières pages, apporte avec évidence la preuve du délire intermittent dont le pauvre homme était atteint.* » (279). Les termes de condamnation ne manquent pas à Hubert : « la demi-démence de notre père... », « rêveries de cet hypocondre », « manie de la persécution », « délire à forme religieuse », « faux mysticisme ».

Janine en répondant à ces objections qui pourraient aussi être celles du lecteur « médiocre », allègue trois entrevues de Louis avec monsieur le curé de Calèse qui devait préparer Louis à la communion. « *Une admirable lumière l'a touché dans ses derniers jours.* » (*NV*,285-6). C'est dans cette lumière que Mauriac voudrait baigner son personnage, mais du point de vue romanesque, il n'arrive pas à imposer à son lecteur la version didactique et édifiante. De même que l'opposition binaire Bien/Mal reste partielle, et s'inscrit implicitement dans le texte sans jamais se manifester ouvertement du fait de la médiocrité des personnages, ainsi la solution d'une opposition ambiguë ne saurait être que partielle et équivoque, teintée de doute et d'incertitude.

Mort avant Noël, mort avant que ne se résolve liturgiquement le drame de sa rédemption, le narrateur reste pour le lecteur au seuil du salut. Malgré l'avertissement de l'écrivain, un lecteur ignorant de l'idéologie de Mauriac peut lire *Le Nœud de vipères* comme le portrait d'un homme et d'une famille où Dieu n'a pas de part.

Dire que *Le Nœud de vipères* est un roman à thèse ambigu équivaut au fond à la négation de cette étiquette : le propre du roman à thèse est justement d'éliminer les doutes et les ambiguïtés. Plutôt qu'un roman à thèse, *Le Nœud de vipères* apparaît comme le roman d'une conscience sur le seuil. M. Bakhtine, dans *La Poétique de Dostoïevsky* nomme ainsi les œuvres, nombreuses dans la littérature moderne, qui présentent le moment de vérité d'une conscience. Placé dans un état limite qui l'oblige à remettre en question toutes les données d'un monde imposé, l'homme fait le bilan de son existence. L'évidence de la mort, le chaos de la guerre, le crime sont des catalyseurs de cette prise de conscience. Dans *Le Nœud de vipères* c'est la proximité de la mort qui place le narrateur dans une situation limite, au seuil du néant ou de la certitude. Le roman commence par l'évocation de la mort du narrateur : « *Tu seras étonnée de découvrir cette lettre dans mon coffre, sur un paquet de titres. Il eût mieux valu peut-être la confier au notaire qui te l'aurait remise après ma mort* »...

La mort est une présence constante aux côtés du vieillard : « *En ce qui me concerne, la mort ne sera pas venue en voleuse. Elle rôde autour de moi depuis des années, je l'entends [...]. J'achève de vivre, en robe de chambre, dans l'appareil des grands malades incurables...* » (*NV*,18).

C'est à la lumière de la mort qui approche qu'il reconsidère ses rapports avec sa femme et avec ses enfants, qu'il remet en cause tout ce qui a été sa vie. *Le Nœud de vipères* est une œuvre complexe, peut-être le chef-d'œuvre de Mauriac, parce qu'il ne cache rien de cette crise : famille, propriété, religion — tous les fondements d'une vie respectable sont contestés un à un. Dans les romans qui suivront *La Fin de la nuit* et *Les Anges noirs* les doutes semblent s'effacer. Dans *Les Anges noirs* le dénouement-conversion se veut exemplaire et univoque, l'âme du criminel Gabriel Gradère sera sauvée sans aucun doute possible. Le romancier catholique, dans ces deux romans, l'emporte sur le romancier tout court. Ce n'est pas par hasard que la critique d'un Sartre ou d'un Nizan se fonde sur la lecture de ces œuvres, postérieures au *Nœud de vipères*.

la thèse implicite

Il est intéressant de citer les jugements que portent sur Mauriac ses contemporains engagés. Paul Nizan, romancier marxiste, écrit dans le compte rendu de *La Fin de la nuit* qui paraît dans *Monde* (le 1er février 1935) :

Mauriac est un grand romancier que ses limites étouffent. Il voudrait affirmer Dieu partout mais il ne le peut jamais que dans une conclusion en trompe-l'œil, conclusion parfois rejetée, comme dans ce livre. Il perd donc sur le tableau religieux. Mais il perd en même temps sur le tableau romanesque. Le romancier et le chrétien sont complètement séparés : le romancier écrit des romans en prévoyant la conclusion du chrétien, mais comme cette conclusion pour des raisons esthétiques, est finalement absente ou manque de puissance de conviction, les romans n'aboutissent pas.
(p. 76 [25])

Dans le compte rendu des *Anges noirs* (où Symphorien

Desbats, l'avare agonisant, est une dernière incarnation de Louis), Nizan pousse l'analyse plus loin (le 22 mars 1936) :

M. Mauriac décrit un monde noir et désespéré où règnent la haine, l'envie, les passions propriétaires. Toute son œuvre est une sorte de dénonciation violente d'un univers révoltant qui est très précisément celui de la bourgeoisie bordelaise et landaise. Des hommes et des femmes y vivent comme des solitaires que dressent les uns contre les autres la peur, la haine, l'amour. Quand le romancier a décrit ce monde et l'a mis en accusation, il ne voit pas comment il pourrait être pardonné et sauvé : il n'y a plus qu'à condamner tous les héros à mort, et à chercher dans la subversion de ce monde l'issue. M. Mauriac pourrait être un très grand romancier révolutionnaire. C'est alors que le chrétien intervient. Il voudrait voir Dieu partout occupé au salut des hommes. Et il s'efforce de l'introduire. Comme sa vision du monde est impitoyable, cette introduction du Dieu du pardon, du salut paraît forcée. L'art cède à l'édification. (p. 196 [25])

Et de l'autre côté de la barricade idéologique, Drieu La Rochelle retrouve dans l'œuvre de Mauriac le même potentiel révolutionnaire :

À la jeunesse politique d'inspirer sa méditation et sa violence de ce sombre tableau d'une bourgeoisie soumise, rancie dans ses désirs qui ne sont si bien refoulés que parce qu'ils sont faibles, avaricieux, trembleurs, incapables visiblement de tout élan et de toute création. Le tableau que trace Mauriac est atroce et devrait susciter des épouvantes et des colères immenses. Lui-même semble parfois sur le point d'éclater. Il suffirait de retirer quelques pages du *Nœud de vipères* pour faire de ce réquisitoire total une arme nue et libre, qui pourrait être aussi bien ramassée par un communiste, que par un... national socialiste, l'un ennemi ouvert, l'autre ennemi secret de la propriété. [26]

Aux contemporains engagés dans le conflit idéologique, *Le Nœud de vipères* apparaît donc comme un roman à thèse manqué. Ce qui empêche *Le Nœud de vipères* de fonctionner comme un roman à thèse authentique, c'est paradoxalement la thèse chrétienne du livre. Pour Nizan comme pour Drieu La Rochelle les pages de réconciliation et d'édification détournent le roman de son vrai objet. Dépouillé de son dénouement chrétien, *Le Nœud de vipères* leur apparaît comme un réquisitoire total contre la bourgeoisie et les crimes commis au nom de la propriété. Une lecture approfondie révèle en effet que l'attitude envers la propriété et l'argent est une pierre de touche morale, au même titre, sinon davantage, que l'attitude envers la religion. Le clivage binaire du texte départage les personnages en deux camps ; plutôt qu'entre bons et mauvais chrétiens, *Le Nœud de vipères* distingue entre les désintéressés et ceux que la propriété obsède. Vus sous cet angle, tous les adjuvants, ceux qu'admire le vieillard, apparaissent comme fondamentalement désintéressés ou capables de renoncement, et tous les opposants, « les ennemis » du vieillard, seront des fanatiques du gain. Même la petite Marie fait preuve d'une charité qui n'est pas de ce monde : « *On disait d'elle : "Elle donnerait tout ce qu'elle a ; l'argent ne lui tient pas aux doigts. C'est très joli, mais ce sera tout de même à surveiller..."* » (*NV*,99).

Luc rejette avec mépris la ceinture bourrée d'argent que lui offre son oncle, pour le protéger au front : « [...] *ça peut te servir dans les cantonnements, et si tu es prisonnier... et dans bien d'autres circonstances : on peut tout avec ça.* » (*NV*,146). Mais Luc sait bien que l'argent ne peut rien contre la mort et les horreurs de la guerre, et ses dernières paroles recommandent au narrateur « *de rapporter tout ça à la Banque de France* ». L'abbé Ardouin, fils d'une pauvre veuve qui faisait des journées à Libourne, se contente d'un misérable salaire qu'aucun civil n'aurait accepté (106). Marinette, restée « puérile », n'hésite pas à renoncer aux millions du baron Philipot pour épouser l'homme qu'elle aime. Phili abandonne une femme riche pour une femme qui n'a pas le sou. Janine, comme son grand-père, ne découvre son humanité que lorsqu'elle se rend compte de la futilité de l'argent.

De l'autre côté nous trouvons les obsédés de l'argent : les Fondaudège qui vendent leur fille à un vieillard, les enfants de Louis, Hubert, Geneviève, même Robert qui n'a pas de goût pour une fortune immense qui l'intimide, mais qui joue aux courses : « *D'ailleurs, ce qui l'intéressait, c'était de gagner. Les chevaux l'ennuyaient.* » (*NV*,189). Sur la ligne de partage se placent les deux figures maternelles du roman : la mère de Louis et Isa, qui toutes deux aiment l'argent pour l'amour de leurs enfants, comme un moyen de s'assurer leur tendresse. Louis, au cours de l'initiation qui est le roman lui-même, passe d'un parti à l'autre. De grand bourgeois riche et avare il devient un vieillard dépouillé de ses possessions, qui se sent plus proche d'un vieux paysan que du propriétaire qu'il a été.

La thèse implicite du *Nœud de vipères* dénonce la propriété et ses méfaits. Les Fondaudège vendent leurs filles pour payer leur train de vie extravagant. Même le mariage mal assorti du narrateur, moins monstrueux que celui de Marinette avec un vieillard, n'est possible que grâce aux propriétés accumulées par sa mère prévoyante. L'argent permet de fermer les yeux sur l'humble origine du narrateur, sur l'âge du baron Philipot. C'est l'argent qui décide Louis à rester en province lorsque l'affaire Villenave le rend célèbre : « *Alors que les lettres m'attiraient, que j'étais sollicité par les journaux et par toutes les grandes revues, qu'aux élections, les partis de gauche m'offraient une candidature à La Bastide (celui qui l'accepta à ma place fut élu sans difficulté), je résistai à mon ambition parce que je ne voulais pas renoncer à "gagner gros".* » (*NV*,85).

C'est encore l'argent qui empêche Louis de quitter sa femme ; c'est parce qu'il ne veut pas rendre à Isa les Suez de sa dot, parce qu'il hésite à faire double dépense, qu'il revient toujours au domicile conjugal. C'est encore l'avarice qui déforme les rapports de Louis avec d'autres femmes et lui fait préférer une débauche tarifée aux risques d'une passion déréglée. Enfin les rapports entre le père et ses enfants sont déterminés et faussés par la question de l'héritage.

Le lecteur décode sans peine ce message du *Nœud de vipères*, plus universel que sa thèse catholique, ce qui explique peut-être le grand succès du roman. Le réquisitoire contre la propriété est un texte subversif, mais le dénouement chrétien transforme cette subversion en réconciliation. Mauriac, bourgeois et propriétaire lui-même, hésite devant les conséquences de sa dénonciation. La propriété est mère de l'aliénation sociale et morale, mais ne pouvant l'abolir, Mauriac propose de la modérer par la religion. Louis renonce à ses possessions, mais cette solution n'en est pas une. Les partages se font en famille, les métayers, naturellement, n'y auront pas part. La solution médiatisée par la religion ne change rien en fin de compte, ne subvertit rien. Hubert sera un propriétaire aussi avare que son père l'a été, Geneviève sacrifiera son bien à ses enfants, comme l'a fait Isa avant elle. Janine, seule désintéressée, sera traitée de « neurasthénique ».

La résolution du conflit entre la propriété et le désintéressement, comme la conclusion du débat entre la foi et l'incroyance, manque de conviction absolue. Mauriac, écrivain déchiré, n'est pas un auteur révolutionnaire, parce qu'il a compris de bonne heure dans quel camp il se trouvait. Louis avoue : « *Je souffrais de reconnaître que nous avions, mes adversaires et moi, une passion commune : la terre, l'argent. Il y a les classes possédantes et il y a les autres. Je compris que je serais toujours du côté des possédants.* » (*NV*,34).

44

III

SILENCE ET COMMUNICATION

la tentation du silence

L ETTRE qui s'adresse à une femme qui ne la lira jamais, *Le Nœud de vipères* se présente d'emblée comme un drame de la non-communication des êtres. Les premières phrases du roman frappent par leur qualité orale :

> Tu seras étonnée de découvrir cette lettre dans mon coffre, sur un paquet de titres [...]. Rassure-toi ; tu es d'ailleurs déjà rassurée : « Les titres y sont ». Il me semble entendre ce cri, dès le vestibule, au retour de la banque. Oui, tu crieras aux enfants, à travers ton crêpe : « Les titres y sont. »

⸲ Nous sommes dans l'ordre du discours où dominent les présents et les futurs, nous entrons en apparence dans l'ordre du dialogue. Mais cette impression est erronée, le futur de ces phrases est un temps irréel. Ce n'est qu'après la mort du narrateur que s'établira le dialogue anticipé et impossible. Le vieillard a beau se leurrer et imaginer le spectacle de sa vengeance longuement cuisinée, il n'ignore, pas plus que le lecteur, que ce futur signifie la mort et l'inconnu, ce qu'il traduit typographiquement par le signe — (*NV*,88). La scène que présente le premier paragraphe du roman appartient au théâtre de l'imagination, le narrateur met en scène sa femme dans un rôle qu'il ne lui verra jamais jouer, celui de sa veuve : « *Il y avait un aspect de ma femme, que je n'avais jamais perdu de vue : c'était ma veuve, celle qui serait gênée par ses crêpes pour ouvrir le coffre.* » (220). Temps de l'espérance humaine, le futur du « monstre » mauriacien débouche sur la mort. Monologue pathétique, *Le Nœud de vipères* affirme la nécessité du dialogue : « *Eh bien ! oui, je parle seul parce que je suis toujours seul. Le dialogue est nécessaire à l'être humain.* » (217).

Mais Louis sera condamné au dialogue intérieur de l'homme avec lui-même. Dans ses rapports avec les autres c'est le silence qui a le dernier mot : « *Le silence est une facilité à laquelle je succombe toujours.* » (*NV*,68). Le texte du roman oscille entre ce besoin désespéré de communiquer par les mots et l'abdication du langage qui mène au silence.

Depuis des années, le narrateur a renoncé à communiquer avec les siens, et surtout avec sa femme. Son texte-plaidoyer est une dernière tentative pour forcer la confiance de sa femme, l'obliger à reprendre le dialogue interrompu depuis de longues années. Après une brève lune de miel s'ouvre « *l'ère du grand silence qui, depuis quarante ans, n'a guère été rompu* » (*NV*,69). Paradoxalement, c'est le trop-plein de confiance et de spontanéité qui fait le malheur du couple ; les confidences malencontreuses de la jeune femme rejettent Louis dans l'abîme de solitude dont l'avait délivré l'amour. Après l'aveu d'Isa qu'elle a aimé un autre, qu'elle n'a accepté ce mari disgracieux que faute de mieux, le dialogue spontané sera frappé d'interdit. La parole qui ne laisse rien à l'imagination s'avère plus dangereuse que le silence. Désormais l'homme et la femme se figent dans des échanges stéréotypés où l'âme n'a plus de part : « [...] *nous ne causions plus comme autrefois, la nuit. C'en était fini de nos conversations interminables. Nous ne disions plus rien qui ne fût concerté ! Chacun de nous se tenait sur ses gardes.* » (70).

46

La spontanéité de la parole est intimement liée à la spontanéité du désir et du corps. Caresses et mots sont deux expressions du même besoin de communication : « *Ce que tu écartais ainsi, c'était bien moins mes caresses que mes paroles.* » (*NV*,19). La couche conjugale devient ce « *lit, ce triste lit de nos rancœurs et de nos silences* » (229). La rupture sera bientôt consommée : « *Alors commencèrent ces années de gestations, d'accidents, d'accouchements qui me fournirent le plus de prétextes qu'il n'était nécessaire pour m'éloigner de toi.* » (71).

Pourtant Louis ne se résigne pas facilement à sa solitude. Forcer Isa à parler de leur désaccord lui semble un moyen de changer leurs rapports. Sa lettre-plaidoyer veut engager un dialogue inespéré : « *Mais il y a quelque chose en toi, quelque chose de toi dont je veux triompher, c'est de ton silence.* » (*NV*,15). Non pas qu'Isa soit taciturne ; au contraire, elle « a la langue bien pendue », mais elle s'obstine à garder le silence touchant le désaccord profond des époux. La parole apparaît, dans ce désert du silence, comme un instrument de délivrance possible. La première partie du roman se termine sur ce cri déchirant : « *Pourquoi ne me parles-tu pas ? Pourquoi ne m'as-tu jamais parlé ? Peut-être existe-t-il une parole de toi qui me fendrait le cœur ?* » (151).

Mais lorsque le dialogue s'engage enfin, il est trop tard, la confiance sans laquelle il n'y a pas de communication, fait défaut au vieillard. Les confidences de la vieille femme qui d'abord éveillent en Louis l'espoir d'avoir été aimé, finissent par susciter sa méfiance :

Elle chercha trop vite à marquer un point. « Tu ne pars pas ce soir ? »
Je crus discerner une lueur dans ses yeux, lorsqu'elle croyait « m'avoir eu ». (*NV*,185)

D'instrument de réconciliation la parole redevient une

arme de combat, comme elle l'a toujours été dans les rapports de Louis avec les siens. Depuis des années, la première ligne de défense de la famille est un mur de silence :

J'entrais au salon, et les voix se taisaient. Toute conversation s'interrompait à mon approche. *(NV,94)*

Vous formiez un bloc inentamable [...]. Vous en étiez venus à garder le silence devant moi. À mon approche, comme il arrive encore aujourd'hui, les discussions s'arrêtaient net ; mais quelquefois vous ne saviez pas que je me cachais derrière un massif d'arbres, et tout à coup j'intervenais avant que vous ayez pu battre en retraite et vous obligeais à accepter le combat. *(NV,105)*

De participant légitime au dialogue, le narrateur devient l'espion qui surprend le dialogue d'autrui. Pour lui, forcer l'autre à répondre, à réagir, c'est encore un moyen de le forcer à reconnaître l'existence du provocateur. Louis savoure les rares moments de triomphe où il oblige Isa à répondre à ses objections en matière de religion ou de politique. C'est alors qu'il peut déployer tout son talent rhétorique de grand avocat d'assises.

Car, paradoxalement, ce père de famille incapable de communiquer avec les siens, cet homme qui succombe toujours à la tentation du silence, est en public un professionnel de la parole, un maître d'éloquence : « *J'avais une grande facilité de parole qui avait frappé tous mes maîtres* » *(NV,27)*. Étudiant, Louis fonde un cercle d'études où il s'exerce à la parole : « *Si timide dans le privé, je devenais un autre homme dans les débats publics.* » (33). Son éloquence arrive à son apogée lors du procès Villenave, lorsque Louis, chargé de la défense, s'avère capable d'une improvisation géniale qui sauve sa cliente. La parole-instrument rhétorique n'a pas de secrets pour Louis, mais elle le trahit lorsqu'il s'agit de traduire des sentiments intimes, d'établir le contact désiré et impossible entre deux êtres. Le phénomène n'est pas parti-

culier au héros de Mauriac. Son analyse nous mène au cœur
du rapport qui s'établit entre le romancier et son personnage.

D'autres personnages romanesques qui participent de
l'essence de leur créateur, présentent la même dichotomie
entre la parole publique et le silence privé. Albert Savarus,
alter ego de Balzac, dans la nouvelle éponyme, est un grand
orateur politique, un virtuose du discours et un écrivain ;
à la suite de ses déboires privés, Savarus se condamne au
silence et se fait chartreux ; Benassis, héros du *Médecin de
campagne*, obéit à la maxime épigraphe du roman : « Fuge,
late, tace » — inscription qu'il a trouvée à la Grande Chartreuse. Les dernières pages de *La Chartreuse de Parme*
suivent la même occultation : prédicateur brillant qui fait
pleurer ses belles auditrices, Fabrice n'échappe pas au
malheur dans sa vie personnelle. Lui aussi s'enfermera dans
une chartreuse. Julien Sorel, qui redoute toute parole spon-
tanée en privé, oublie ses réticences au moment où il
s'adresse à un public impersonnel. Son discours au jury est
une improvisation qui lui permet enfin de dire « tout ce
qu'il avait sur le cœur » ; les jeunes femmes de son audi-
toire ne s'y trompent pas et elles en sont touchées jusqu'aux
larmes. Aux moments d'éloquence publique qui sont une
prise de possession du langage s'opposent les insuffisances
du dialogue privé. Octave dans *Armance* de Stendhal aura
beau briller dans les conversations, on aura beau lui prédire
une belle carrière politique ; dans ses rapports avec la
femme qu'il aime, l'impuissance de la parole paralyse le désir
et condamne le héros au suicide. Les écrivains, maîtres de
la parole-instrument, se rendent compte, mieux que quiconque, de l'inadéquation de la parole aux besoins de la
communication entre les êtres. L'échec du dialogue en termes
humains les pousse inexorablement vers une solution qui

transcende le réel — le silence absolu qui est la mort, qui est peut-être aussi communication avec l'ineffable, seule issue ouverte au huis clos du monologue. À l'autre extrême du même drame, dans *La Chute* de Camus, Jean-Baptiste Clamence qui est avant tout une parole vivante, une voix qui crie son existence, *vox clamans*, se jette dans une improvisation étourdissante et vertigineuse. Cette débauche de paroles est une autre face du renoncement du chartreux : tous deux, le parleur et le moine, constatent la défaite du langage.

Dans *Le Nœud de vipères*, la vérité qui échappe au dialogue toujours éludé, se réfugie dans le texte écrit, dépositeur figé de ce qui se présente comme un moment d'authenticité. Le texte écrit devient infiniment plus dangereux que la parole fugitive ; c'est médiatisée par l'écriture que s'exprime la vérité des sentiments. Les lettres véhiculent ce que la parole s'efforce d'ignorer. Isa rompt le silence qui la sépare de son mari pour lui adresser une lettre atroce d'injures après la mort de Marie. La lettre devient aussitôt une arme dans le combat qui l'oppose à son mari, une pièce à conviction dans le procès de leur vie commune. Louis gardera précieusement les lettres de reproches et d'excuses d'Isa « *de quoi lui faire perdre tous les procès en séparation que les imbéciles d'enfants pourraient lui persuader d'intenter* » (*NV*,168). Isa, de son côté, détient des lettres compromettantes de Louis, qui confirment ses infidélités : « *Tu avais mis la main sur des lettres : de quoi obtenir une séparation* » (96). On comprend la panique des enfants qui interrogent leur vieille mère : « *Ah ! Non ! pas de lettre, surtout ! protesta Hubert. Ce sont toujours les lettres qui nous perdent. J'espère, maman, que tu ne lui as pas écrit déjà ? [...] Vous ne lui avez pas écrit, grand-mère ? Il ne détient aucune lettre dangereuse pour nous ?* » (168).

50

La seule vérité que Louis apprendra sur sa femme morte lui sera révélée par les bribes d'une lettre déchirée et brûlée, du confesseur d'Isa à sa pénitente. Sentant sa fin proche, Isa avait eu soin de brûler sa correspondance, pour ne pas offrir prise à la curiosité de son mari. Alors que Louis écrit sa confession pour communiquer enfin, même au-delà de la mort, avec sa femme, elle de son côté fait tout pour relever le mur de silence qui les a séparés leur vie durant. Quelques mots péniblement déchiffrés apprennent à Louis qu'Isa avait été une sœur jalouse, qu'elle avait beaucoup souffert par lui. Dans le monde mauriacien, l'amour se mesure à la souffrance qu'il cause : Louis a donc été aimé de la femme qu'il a fait souffrir. Connaissance fragmentée, partielle, symbolisée par ces morceaux de papier échappés au feu, la découverte d'Isa inconnue vient trop tard, le dialogue ne peut s'établir au-delà de la mort.

Cependant, la tentation d'atteindre la vérité par l'écriture se poursuit tout au long du texte, dans la rédaction de la lettre-journal que Louis commence à rédiger à l'intention de sa femme. Le soliloque écrit est plus proche de la réalité que le dialogue manqué, et sur un autre plan, le moi littéraire s'affirme comme plus authentique que le moi social de celui qui écrit. Le roman devient lui-même ce soliloque désespéré, déchiré entre le cri et le silence, cette lettre-confession qui tourne sur elle-même cherchant à qui s'adresser. C'est le lecteur qui devient finalement le destinataire de cette lettre ; ce sont ses réactions que l'écrivain s'efforce de deviner, ce sont ses objections qu'il tente de prévenir. Texte dangereux et révélateur, comme toute lettre détournée de son objet, la lettre de Louis devient une pièce à conviction dans le procès de Mauriac écrivain.

Elle partage peut-être le sort réservé aux lettres dans *Le Nœud de vipères*. Dans le meilleur des cas, lorsqu'elles

parviennent à leur destinataire, les lettres sont des mono-
logues parallèles qui ne se rencontrent jamais (lettres
d'Hubert et de Janine), ou des armes conservées par le destinataire hostile contre celui qui trahit sa faiblesse en se
confiant au papier (lettres de reproches et d'excuses d'Isa,
gardées par Louis). Ou bien, dérobée au destinaire légitime,
détournée de son objet qui est la communication, la lettre
devient un document judiciaire, une pièce à conviction,
comme les lettres compromettantes de Louis, saisies par
sa femme. Comme la parole défaillante, le texte écrit ne
réussit pas à abolir l'hostilité qui règne entre les consciences.
Le dialogue tant attendu n'a jamais lieu.

l'univers du monologue

Le Journal-confession est aussi une apologie, un plaidoyer pour celui qui devant nos yeux se dépouille de tout
amour-propre et nous livre les traits les plus monstrueux
de son égoïsme et de son avarice. Ce monologue est aussi
un dialogue avec un juge invisible et tout-puissant. Ce n'est
plus le romancier créateur qui s'assimile à Dieu, mais le
lecteur qui, comme Dieu, devient le juge suprême de celui
qui se confesse. Cette description de Dostoïevski (dans la
préface de *Douce*) s'applique parfaitement au monologue
de Louis : « *Tantôt il se parle à lui-même, tantôt il semble
s'adresser à un auditeur invisible, à un juge. Et il en est
toujours ainsi dans la réalité.* » (cité p. 277 [27]).

Ce n'est pas par hasard que Mauriac a choisi pour son
personnage la profession d'avocat : l'idée du procès est centrale dans le roman. « *Vieil avocat, je mets en ordre mon
dossier, je classe les pièces de ma vie, ce procès perdu.* »
(*NV*,72), écrit le narrateur. Hubert son fils le jugera en
termes semblables : « *Cet avocat n'a voulu perdre son pro-*

cès, ni devant lui-même, ni devant nous... » (278). C'est en termes judiciaires qu'il semble le plus facile de définir la condition humaine ; depuis Pascal, en passant par Kafka et jusqu'à Camus, c'est la métaphore de la justice qui semble la plus appropriée pour rendre tangible l'arbitraire de la vie humaine. Procès perdu d'avance, jugement sans justice — c'est en ces termes que les moralistes modernes voient l'existence, mais Mauriac, écrivain catholique, ne peut souscrire à cette vision. Comme Louis, Mauriac n'accepte pas de perdre son procès. Il parie pour l'existence de Dieu. Louis est à la fois juge et partie, avocat et accusé : c'est lui-même qui instruit son propre procès et se charge de la défense. Mais Mauriac refuse le solipsisme de ce jugement en huis clos. L'appel à un juge transcendant résonne dans les couloirs vides d'un palais de justice imaginaire : « *Ô Dieu, Dieu... si vous existiez !* » (216).

Ce monologue d'une conscience culpabilisée et divisée est une forme caractéristique du monde moderne. Le manque de dialogue découle d'une réalité existentielle que Louis partage avec la plupart des héros du roman moderne. « *Sur la base d'un système de monologue philosophique, il ne saurait y avoir d'interaction essentielle des consciences et il ne saurait donc y avoir de dialogue essentiel* » — écrit M. Bakhtine (p. 96 [27]). L'univers objectif du personnage mauriacien présente une illustration parfaite de ce que Bakhtine appelle « le monde-monologue » où règne le point de vue d'une seule conscience. La narration à la première personne renforce dans *Le Nœud de vipères* cette impression de solitude : le dialogue authentique fait défaut dans ce roman de l'incommunication. Malgré les apparences, ce n'est pas la technique romanesque qui crée ce sentiment de claustration monologique. Il suffit de relire *Le Journal d'un curé de campagne*, écrit lui aussi à la première personne, pour se rendre compte que le huis clos psychologique du *Nœud de vipères* ne dérive pas uniquement du choix narratif, mais présente plutôt une caractéristique de la vision mauriacienne tout entière, telle qu'elle apparaît dans les romans à la troisième personne aussi bien que dans ceux qui disent « je ».

Bernanos est dans la littérature française l'écrivain le plus proche du roman dialogique, polyphonique de Dostoïevski qui réussit à briser les barreaux du monde-monologue. Le *Journal d'un curé de campagne* se développe à partir d'une série d'affrontements dialectiques. Un dialogue authentique s'engage entre le curé d'Ambricourt et ceux qui l'entourent, et nous impose la présence vivante d'autrui, que ce soit le curé de Torcy, la comtesse, Chantal ou le médecin morphinomane. Bernanos est un écrivain pour qui l'autre existe, fût-ce au détriment de la vraisemblance romanesque. Le *Journal d'un curé de campagne* multiplie les récits rapportés, relate des conversations qui durent des heures : comment le curé de campagne, qui n'est pas un sténographe, arrive-t-il à transcrire ces discours interminables ? Bernanos ne se soucie guère de ces conventions. Mauriac, par contre, reste dans les limites du vraisemblable : son narrateur ne transcrit que des bribes de dialogue, ce qu'il aurait pu noter sur-le-champ ou garder dans sa mémoire. Mais la vraisemblance n'est pas tout : le roman à la Dostoïevski, moins rationnel, s'adapte mieux aux méandres du récit religieux que la technique classique « claire et distincte » de Mauriac [28]. Ce que Bernanos perd en convention romanesque, il le gagne en profondeur psychologique et philosophique. Le *Journal d'un curé de campagne* présente peut-être une vision plus ténébreuse de l'homme que *Le Nœud de vipères* qui se termine par une conversion, mais paradoxalement, ce roman du dialogue laisse subsister plus d'espoir que le récit édifiant de Mauriac. Dans la prison monologique de Mauriac l'homme reste cet « emmuré vivant » qui hante l'imagination du romancier, alors que le héros bernanosien, délivré de lui-même, connaît l'extase de la communication[29].

Même après son renoncement, alors qu'il se trouve au seuil de la conversion, Louis n'arrivera pas à engager un vrai dialogue. Un épisode est significatif à cet égard : la tentative que fait Louis pour parler avec les domestiques. La conversation qu'il tente d'ébaucher avec Amélie et Ernest dont il découvre soudain la présence silencieuse à ses côtés, se solde par un échec. Louis les interroge sur leur fille morte depuis dix ans et ne réussit qu'à les blesser (*NV*,252-3).

Enfermé dans une prison où la conscience se heurte sans cesse à elle-même, l'homme mauriacien n'accepte pas d'être seul. Pour lui, le sort de l'emmuré et du séquestré postule l'existence d'un juge invisible qui condamne et grâcie. L'emmuré c'est aussi l'homme qui craint Dieu et désire sa présence. L'existence de Dieu paraît la seule issue ouverte au monde-monologue qui emprisonne l'homme en lui-même. S'il y a un juge, il fera peut-être grâce à celui qui ne peut échapper à lui-même : « *Je suis ce que je suis, il faudrait devenir un autre. Ô Dieu, Dieu... si vous existiez !* » (*NV*,216), s'écrie le narrateur.

Mais dans ce dialogue tant désiré la voix divine reste, par la force des choses, sous-entendue. Du dialogue Dieu—homme, nous n'entendons que la voix solitaire du narrateur. À l'interlocuteur divin Louis demande le mot de l'énigme, ce qu'il ignore depuis sa naissance : « *Vous ne pouvez imaginer ce supplice : ne rien avoir eu de la vie et ne rien attendre de la mort. Qu'il n'y ait rien au-delà du monde, qu'il n'existe pas d'explication, que le mot de l'énigme ne nous soit jamais donné...* » (*NV*,79).

Mais le dialogue avec l'au-delà ne peut s'engager qu'à l'article de la mort. Les dernières lignes du Journal interrompu sous-entendent une réponse, le mot de l'énigme est enfin donné, au prix de la vie. Comme le dialogue avec Isa, le dialogue avec Dieu ne peut naître qu'au-delà de la mort, et il faut désespérément que cet au-delà existe. « *Cet amour dont je connais enfin* LE NOM *ador...* » — les derniers mots du Journal de Louis rompent ses attaches avec le monde. La phrase inachevée signifie la nomination de l'inconnu, donc la prise de possession du divin par le langage. Nomination mystique, mais en même temps, faillite du langage humain. Mauriac « métaphysicien qui travaille dans le concret » ne peut s'aventurer au-delà du dernier mot tangible. « Et le reste est silence ». On pense aux vers magnifiques de Hugo dans son ébauche inachevée de « *Dieu* » :

> Ô semeur du sillon nébuleux, laboureur
> Perdu dans la fumée horrible de l'erreur
> Front où s'abat l'essaim tumultueux des rêves,
> Doutes, systèmes vains, effrois, luttes sans trêves,
> Te plaît-il de savoir comment s'évanouit
> En adoration toute cette âpre nuit ?
> Veux-tu, flèche tremblante, atteindre enfin la cible ?
> Veux-tu toucher le but, regarder l'invisible
> L'innommé, l'idéal, le réel, l'inouï ?
> Comprendre, déchiffrer, lire ? Être un ébloui ?
> [...]
> Le veux-tu ? Réponds. Oui, criais-je. — Et je sentis
> Que la création tremblait comme une toile.
> Alors levant un bras et, d'un pan de son voile,
> Couvrant tous les objets terrestres disparus,
> Il me toucha le front du doigt.
>   Et je mourus. [30]

La mort est le mot de l'énigme, la seule certitude. Mais la vie reste le domaine des doutes et des rêves, d'autant plus effrayants qu'ils sont tous produits par une conscience solitaire qui s'acharne sur elle-même, dans les brumes et « la fumée horrible de l'erreur ». Dans cette solitude absolue, l'autre n'existe qu'au second degré, toujours réfracté par une vision qui déforme à souhait. Louis n'est-il pas le type même du « narrateur suspect » qui asservit la réalité à sa vision subjective ? Qu'il soit avocat, dressé à distinguer le vrai du faux, ne fait que renforcer l'ambiguïté de son témoignage. L'art de Mauriac a été d'exploiter cette duplicité fondamentale du récit à la première personne, procès d'un homme devant sa propre conscience, narration qui oscille entre l'authentique et le suspect, entre la sincérité et le faux témoignage. Le lecteur, tout en faisant confiance au narrateur, partage le doute que Louis exprime soudain :

> Est-il possible, pendant près d'un demi-siècle, de n'observer qu'un seul côté de la créature qui partage notre vie ? Se pourrait-il que nous fassions, par habitude, le tri de ses paroles et de ses gestes, ne retenant que ce qui nourrit nos griefs et entretient nos rancunes ? Tendance fatale à simplifier les autres ; élimination de tous les traits qui adouciraient la charge, qui rendraient plus humaine la caricature dont notre haine a besoin pour sa justification... (*NV*,185)

Comme Louis, le lecteur se demande quelle est la part de la vérité objective (mais y a-t-il une vérité objective ?) dans le portrait que fait le narrateur des autres. Car, finalement, les personnages du *Nœud de vipères* n'existent que dans l'imagination du narrateur-créateur. Ce qui est vrai pour tout personnage romanesque, l'est doublement dans le cadre monologique du roman mauriacien. Puisqu'il n'y a point de dialogue, d'interaction intellectuelle et complexe, les rapports entre Louis et les autres se réduisent à une hostilité instinctive ou une sympathie presque végétale qui se passe de mots. Nous ne sommes pas loin du monde primaire, manichéen de l'enfance ; la nostalgie de la simplicité perdue, d'une connaissance non verbale, traverse tout *Le Nœud de vipères*. Ce n'est pas par hasard que les personnages les plus proches de Louis présentent cette tendance de son esprit : ce sont des êtres instinctifs, comme Luc « cet être tout instinct », que Louis décrit en ces termes : « *Geneviève avait raison de dire que ce ne serait pas un "littéraire". Il ne se dérangeait jamais pour voir le clair de lune sur la terrasse. Il n'avait pas le sentiment de la nature parce qu'il était la nature même...* » (*NV*,139).

Ni intellectuel, ni littéraire, mais grand chasseur devant l'Éternel, Luc devra mourir très jeune pour ne pas devenir un autre Bernard Desqueyroux. De même la petite Marie qui est l'innocence même, meurt dans l'enfance, et sera continuée par une projection du même type : Marinette. Lorsque Louis refuse de se laisser séduire par cette jeune veuve, l'attendrissement succède au trouble charnel : « *Je lui disais ce que j'aurais dit à Marie si elle était tombée et si je l'avais relevée dans l'allée des tilleuls.* » (*NV*,124). Il n'y aura pas pour Marinette de chute dans l'adultère, pour le narrateur elle restera virginale. Tout au long du roman, Mauriac insiste sur la virginité paradoxale de cette jeune femme, habillée de blanc. Cette pureté la place du côté des enfants et des innocents : « [...] *elle était sortie en apparence intacte du lit de ce vieillard. Son visage était puéril.* » (113). Marinette s'amuse à organiser des parties de cache-cache dans le grenier, à la grande indignation de sa sœur Isa, déformée et alourdie par sa maternité. Les scènes de communion avec Marinette se passent de mots. Elles comptent parmi les plus belles pages de Mauriac qui réussit à suggérer le tourment du désir refoulé, de ce qui reste à jamais inexprimé :

La plaine, à nos pieds, se livrait au soleil dans un silence aussi profond que lorsqu'elle s'endort dans le clair de lune [...].
Je savais que cette femme, qui était là, debout, ne pouvait pas m'aimer, qu'il n'y avait rien en moi qui ne lui fût odieux. Mais nous respirions seuls, dans cette propriété perdue, au milieu d'une torpeur infranchissable. Ce jeune être souffrant, étroitement surveillé par une famille, cherchait mon regard aussi inconsciemment qu'un héliotrope se tourne vers le soleil. Pourtant, à la moindre parole trouble, je n'aurais reçu d'autre réponse qu'une moquerie. Je sentais bien qu'elle eût repoussé avec dégoût le plus timide geste. Ainsi demeurions-nous l'un près de l'autre, au bord de cette cuve immense où la vendange future fermentait dans le soleil des feuilles bleuies.   (*NV*,119-20)

Le mariage de Marinette devra donc être escamoté autant que possible, elle se mariera loin de la famille, et ne restera mariée que ce qu'il faut pour avoir un enfant : il semble naturel qu'elle meure en couches. Marinette disparaît et Luc prend la place de sa mère. Marie, Marinette, Luc, tous êtres puérils, instinctifs, ils offrent au narrateur un refuge de quiétude presque végétale. Variantes du même type — Mauriac ne cèle pas leur parenté —, ces personnages présentent un bref répit dans la confrontation du narrateur avec un monde hostile et complexe. L'abbé Ardouin qui du fait de son sacerdoce garde l'esprit d'enfance se place tout naturellement du côté des adjuvants. Le lecteur ne le verra d'ailleurs que dans son rôle de précepteur, proche des enfants qu'il instruit. De la vie de ce jeune séminariste Mauriac ne nous présente que quelques années. Tous les personnages positifs du *Nœud de vipères* ne sont, en fin de compte, que diverses projections d'une qualité unique.

Du côté des opposants se trouvent les deux fils du narrateur : Hubert et Robert. Ils portent presque le même nom et, un peu comme François Sorel et Franz de Galais dans *Le Grand Meaulnes*, présentent deux projections possibles de leur créateur. La version bourgeoise s'incarne dans Hubert et la version prolétaire dans Robert, qui serait le narrateur sans les avantages de la fortune et de l'intelligence. Les autres, Alfred, Olympe, Geneviève ne sont que des figurants. Sur la ligne de partage entre les deux groupes, se trouvent, d'après A. Fournier, Isa dont le nom dérive du grec « égal », et Phili. Le nom de Janine n'est pas moins significatif ; comme Janus elle présente deux aspects différents d'une personnalité [31]. Phili, jeune homme sensuel, crapuleux et désintéressé est doté, comme son prédécesseur Bob Lagave de *Destins*, d'un charme paradoxal et irrésistible. Lorsqu'il s'avère capable d'abandonner une femme richissime pour sauvegarder sa liberté, il passe dans le camp des adjuvants. Il est naturel que le vieil avocat finisse par prendre sa défense. Les héros positifs du *Nœud de vipères* sont ceux qui se désolidarisent de la famille, ceux qui se trouvent, de force ou de gré, en marge du cercle qu'elle forme : Luc qui ne sera que toléré, Marinette bannie, Phili renié. Comme Marinette, Phili garde une jeunesse troublante. Dans un milieu fondé sur le calcul et la méfiance, la spontanéité et la fraîcheur d'esprit apparaissent comme des qualités subversives : on surveille la petite Marie qui veut tout donner aux pauvres, on surveille Marinette pour prévenir un coup de tête, on « tient la dragée haute » à Phili.

Les rapports entre Louis et ses fils forment un des axes principaux du roman et méritent d'être considérés à part. Quant à Janine, la petite-fille du narrateur, elle présente une projection féminine de Louis qui complète Hubert et Robert, restés étrangers et hostiles. Janine prend une importance croissante dans les trois derniers chapitres du roman ; disgracieuse, mal-aimée, obsédée par le passé, prisonnière d'elle-même, elle ressemble beaucoup à Louis. Ce n'est pas par hasard qu'elle s'affirme seulement dans les chapitres de la version définitive qui assure le salut de Louis. Un transfert charge Janine de tous les déchirements, de toutes les obsessions dont son grand-père s'est miraculeusement délivré. C'est elle qui succombe à la folie qui guette le vieillard : c'est elle qui le continue après sa mort. Comme l'atteste sa lettre à Hubert, elle hérite même du talent littéraire de son grand-père. Par la plume de Janine, le plaidoyer de Louis continue au-delà de la mort, et comme de son vivant, se heurte à l'incompréhension. Comme la confession de Louis, la lettre de Janine ne convainc personne ; les consciences condamnées au monologue ne communiquent pas.

IV

LA RHÉTORIQUE DU PARADOXE

le langage de la contradiction

ROMAN contradictoire qui oscille entre le dialogue et le silence, entre Dieu et Mammon, *Le Nœud de vipères* se distingue par un style paradoxal. Les contradictions qui sont au cœur du roman affleurent au niveau de l'expression : les antithèses et les paradoxes abondent. Les formulations antithétiques qui jalonnent le roman permettent à l'écrivain de cerner la réalité fuyante et contradictoire d'une conscience divisée. Les paradoxes qui mettent en cause la logique des données réputées immédiates de la perception, ouvrent une fenêtre sur une logique différente qui renverse les rapports convenus. L'antithèse ne peut se résoudre que par le paradoxe : à l'opposition noir/blanc qu'exprime l'antithèse, le paradoxe propose une solution qui défie la logique : noir égale blanc — renversement qui subvertit la réalité, ou bien noir *et* blanc — fusion des contraires qui marque l'expérience mystique. Les antithèses ne se résolvent que dans la mort qui les réconcilie. Nerval écrira dans sa dernière lettre avant le suicide : « *Ne m'attends pas ce soir, car la nuit sera noire et blanche* » [32].

La plupart des antithèses et des paradoxes du *Nœud de vipères* marquent l'itinéraire spirituel de Louis. Le ton du roman est donné par l'épigraphe empruntée à sainte Thérèse d'Avila : « *Dieu, considérez que nous ne nous entendons pas*

*nous-mêmes et que nous ne savons pas ce que nous voulons,
et que nous nous éloignons infiniment de ce que nous désirons.* » Mauriac développe cette idée dans sa note liminaire :
« *Non, ce n'était pas de vengeance que ce furieux avait
faim.* » L'écrivain juxtapose pour les nier les rapports qui
s'imposent entre avare/argent et furieux/vengeance.

Au moment de renoncer à sa fortune, Louis commente
à sa manière la phrase de sainte Thérèse :

Je me suis toujours trompé sur l'objet de mes désirs. Nous ne
savons pas ce que nous désirons, nous n'aimons pas ce que nous
croyons aimer.   (*NV*,240)

J'ai été prisonnier pendant toute ma vie d'une passion qui ne
me possédait pas. Comme un chien aboie à la lune, j'ai été
fasciné par un reflet. Se réveiller à soixante-huit ans ! Renaître
au moment de mourir.   (*NV*,242-3)

Alors que dans son testament, Louis avait prévu une
profession de foi où il rejette d'avance le ministère d'un
prêtre, comme un effet de l'affaiblissement de sa lucidité,
dans sa confession il avoue qu'il a changé d'avis : « *Eh bien,
je te dois cet aveu : c'est au contraire quand je me regarde,
comme je fais depuis deux mois, avec une attention plus
forte que mon dégoût, c'est lorsque je me sens le plus lucide,
que la tentation chrétienne me tourmente.* » (*NV*,149). La lucidité ne mène pas à la négation du surnaturel ; au contraire,
en accroissant l'angoisse, elle accroît le besoin d'une trans-
cendance. Nous entrons avec Louis dans l'ordre du cœur que
la raison ne connaît pas, et qui ne peut s'exprimer que par
le paradoxe et l'antithèse :

Souvent Isa m'avait dit : « Toi qui ne vois que le mal... toi qui
vois le mal partout... » C'était vrai et ce n'était pas vrai. (*NV*,204)

Isa, n'y a-t-il pas dans la turpitude je ne sais quoi qui ressemble,
plus que ne fait leur vertu [*celle des mauvais chrétiens*] au
Signe que tu adores ?   (*NV*,151)

Vos adversaires se font en secret de la religion une idée beaucoup plus HAUTE que vous ne l'imaginez et qu'ils ne le croient eux-mêmes. Sans cela, pourquoi seraient-ils blessés de ce que vous la pratiquez BASSEMENT ? (*NV*,63)

Les antithèses de Mauriac rendent un son évangélique. À l'époque de *Dieu et Mammon* (1929), de *Ce qui était perdu* (1930), le romancier devait relire les Évangiles auxquels il emprunte les titres de ces ouvrages. *Le Nœud de vipères* du titre renvoie peut-être aussi à ce verset de l'Évangile selon saint Matthieu, qui relie l'image des vipères au problème de la parole : « Engeance de vipères, comment pourriez-vous tenir un bon langage, alors que vous êtes mauvais ? Car c'est du trop plein du cœur que la bouche parle. » (XII,34).

Au même Évangile (V,34), Mauriac empruntera le verset qu'il cite vers la fin de la première partie, dans un passage qui se rattache à l'image centrale du roman : ce nœud de vipères qu'il est impossible de dénouer, qu'il faudrait toucher d'un coup de couteau, d'un coup de glaive : *« Je ne suis pas venu apporter la paix mais le glaive. » (*NV*,150).

Le commentaire de Janine, *alter ego* du vieillard : « *Là où était notre trésor, là aussi était notre cœur... [...] De toutes nos forces, nous étions tournés vers les biens matériels, tandis que grand-père... Me comprendrez-vous si je vous affirme que là où était son trésor, là n'était pas son cœur ?* » (*NV*,286-7), fait allusion à Matthieu (VI,19) qui présente en ces termes l'antinomie entre Dieu et l'Argent : « Ne vous amassez point de trésors sur la terre, où la mite et le ver conservent, où les voleurs perforent et cambriolent. Mais amassez-vous des trésors dans le ciel [...]. Car où est ton trésor, là aussi sera ton cœur. »

La diction antithétique de Mauriac semble pénétrée de l'esprit paradoxal des Évangiles qui s'exprime en formules frappantes : « Quiconque s'élèvera sera abaissé, et quiconque

s'abaissera sera élevé » (Mt XXIII,7), « Voilà comment les
derniers seront les premiers, et les premiers seront derniers »
(Mt XX,16).

Cet esprit arrive à son apogée dans les Béatitudes que
Louis connaît bien puisqu'il reproche à Isa d'en prendre le
contre-pied dans la vie pratique : « *Dieu sait de quelles
peccadilles tu te confessais ! et il n'est pas une seule des Béatitudes dont tu n'aies passé ta vie à prendre le contre-pied.* »
(*NV*,130).

Ce langage convient à la peinture d'une conversion dont
la fonction est précisément de renverser une certaine vision
du monde : l'erreur devient la vérité, la haine se mue en
amour, la pauvreté matérielle se transforme en richesse spirituelle : « *Rien n'est plus à moi et je ne sens pas ma pauvreté.* » (*NV*,243). Mais les antithèses et les paradoxes ne sont
nullement réservés à la matière religieuse du roman : ils
marquent aussi bien les rapports entre les époux que l'attitude de Louis devant la vie et Dieu.

Parfois l'antithèse s'érige en maxime. La contradiction
perçue par l'individu devient une vérité générale. La maxime
réconcilie par le langage les contradictions de l'existence ;
les oppositions réelles ou imaginaires s'équilibrent par cette
opération stylistique : « ENVIER *des êtres que l'on* MÉPRISE,
*il y a dans cette honteuse passion de quoi empoisonner toute
une vie.* » (*NV*,32). « *Une certaine qualité de* GENTILLESSE *est
toujours signe de* TRAHISON » (207).

Dans ce dernier exemple la phrase elle-même se divise
en deux parties égales, chacune de cinq mots. Les rapports
entre Louis et Isa se placent d'emblée sous le signe du
paradoxe lorsque la jeune femme avoue qu'elle a aimé
Rodolphe, mais qu'elle n'aurait pas été heureuse avec lui,
parce qu'il était trop beau : « *Il ne t'aurait pas rendue
heureuse, parce qu'il était beau, charmant, aimé. Cela signi-*

fiait que moi, je serais ta joie grâce à mon visage ingrat, à cet abord revêche qui éloignait les cœurs. » (*NV*,64).

Le mouvement antithétique du texte qui oscille entre « c'était vrai » et « ce n'était pas vrai » arrive à son apogée dans un passage extraordinaire. Isa, fiancée à Louis, avait éclaté en sanglots, et le vieillard se souvient de cet épisode :

Je croyais aux larmes de l'amour heureux. Ma jeunesse ne savait pas interpréter ces râles, ces suffocations. Il est vrai que tu me disais : « ce n'est rien, c'est d'être près de vous... » TU NE MENTAIS PAS, MENTEUSE. C'était bien parce que tu te trouvais auprès de moi que tu pleurais, — auprès de moi et non d'un autre... (*NV*,45)

Les figures de rhétorique auxquelles Mauriac a recours sont de celles qui affectent notre perception de la réalité, ce que les rhétoriciens modernes nomment les métalogismes [33]. Antithèses, paradoxes, antanaclases qui jouent sur deux significations du même mot, remettent en cause notre vision d'un monde raisonnable où règne l'équilibre, cher à Hubert : « *La vérité, c'est l'équilibre* », affirme cet agent de change (*NV*,282). Mais *Le Nœud de vipères* dit au contraire la grandeur créatrice de la contradiction, de l'opposition, du paradoxe. Le vieillard qui craignait de lâcher la proie pour l'ombre, regrettera d'avoir asservi sa vie à une raison mesquine : « *La tare dont tu m'aurais guéri, si tu m'avais aimé, c'était de rien mettre au-dessus du gain immédiat, d'être incapable de lâcher la petite et médiocre proie des honoraires pour l'ombre de la puissance, car il n'y a pas d'ombre sans réalité ;* L'OMBRE EST UNE RÉALITÉ » (86).

Les rapports hostiles entre Louis et les siens s'expriment naturellement en termes antithétiques : à propos de la débauche qui le console de ses déboires conjugaux, Louis écrit en s'adressant à Isa : « *Ne redoute aucune peinture de cet enfer où je descendais presque chaque jour.* TU M'Y REJETAS, TOI QUI M'EN AVAIS TIRÉ. » (*NV*,71).

Louis se compare à Luc, orphelin de mère et abandonné par son père : « *Il m'en aurait fallu bien moins pour que je déborde d'*AMERTUME *et de* HAINE. *Mais* LA JOIE *jaillissait de lui.* TOUT LE MONDE L'AIMAIT. *Que cela me paraissait étrange, à moi que* TOUT LE MONDE HAÏSSAIT *!* » (*NV*,140).

Louis est-il un monstre ? Au début du roman, lorsqu'il s'imagine la déception de sa famille déshéritée, il se rend parfaitement compte du caractère monstrueux de sa haine :

> J'aurais voulu vivre assez pour voir vos têtes au retour de la banque. Il s'agissait de ne pas te donner trop tôt ma procuration pour ouvrir le coffre, de te la donner juste assez tard pour que j'aie cette dernière *joie* d'entendre vos interrogations désespérées : « Où sont les titres ? » Il me semblait alors que la plus atroce AGONIE ne me gâterait pas ce PLAISIR. Oui j'ai été UN HOMME capable de tels calculs. Comment y fus-je amené, moi qui n'étais pas UN MONSTRE ? (*NV*,12)

Toute l'apologie du roman vise à nous convaincre de l'humanité de ce monstre. Si la première partie se place sous le signe du monstre, la deuxième renverse les rapports entre les générations. Lorsque Louis découvre que ses enfants veulent l'enfermer dans un asile, les rôles sont changés : « [...] *c'étaient eux* LES MONSTRES *et moi* LA VICTIME » (*NV*,175). La seconde partie présente ainsi l'antithèse de la première : c'est maintenant le vieillard pathétique qui est trahi et trompé par ceux qu'il avait voulu tromper. Sa richesse ne lui sert à rien ; possesseur de millions liquides, il meurt de soif près de la fontaine : « *Isa, je souffre. Le vent du Sud brûle l'atmosphère. J'ai soif, et je n'ai que l'eau tiède du cabinet de toilette.* DES MILLIONS, MAIS PAS UN VERRE D'EAU FRAÎCHE. » (137).

La soif, comme toujours chez Mauriac, dénote un désir métaphysique de tendresse et de renouveau, représenté par l'eau pure.

Parmi les figures de rhétorique, Mauriac aime l'antanaclase qui exploite les différents sens d'un mot. Pascal, son maître, fournit l'exemple classique : « Le cœur a ses RAISONS, que la RAISON ne connaît pas ». La même figure apparaît dans *Le Nœud de vipères* à propos de Luc : « *Il aurait été le plus* COMBLÉ *de tous ; il n'aurait pas manqué d'argent... C'est de terre que sa bouche a été* COMBLÉE*...* » (*NV*,188).

Une variante de cette figure exploite les deux sens du terme « savoir-vivre » : « *Je ne crois pas à ton enfer éternel, mais je sais ce que c'est d'être un damné sur la terre, un réprouvé, un homme dont la route a toujours été fausse ; quelqu'un qui* NE SAIT PAS VIVRE *; non pas comme l'entendent les gens du monde : quelqu'un qui manque de* SAVOIR-VIVRE *au sens absolu.* » (*NV*,137).

Le va-et-vient entre les significations, du littéral au figuré et *vice versa*, est particulièrement évident dans le dernier passage de la première partie. Le jeu rhétorique porte à la fois sur la double signification de *bien* : « propriété » et « vertu », et sur le double sens de *détaché* : « indifférent » et « dénoué ». La grêle a dévasté les vignes, mais Louis n'éprouve pas de regrets : « *Mais ce soir, me voici devenu étranger à ce qui était, au sens profond,* MON BIEN. *Enfin je suis* DÉTACHÉ. *Je ne sais quoi, je ne sais qui* M'A DÉTACHÉ. *Isa, des amarres* SONT ROMPUES, *je dérive. Quelle force m'entraîne ? Une force aveugle ? Un amour ? Peut-être un amour...* » (*NV*,153).

Le cliché revit, une formule linguistique pétrifiée s'anime. Quelqu'un détache les amarres, lance l'esquif à la dérive. À la question que pose la première partie : « *Un amour ? Peut-être un amour...* » répond la dernière phrase du Journal : « [...] *ce qui fait mal à mon cœur comme s'il allait se rompre,* CET AMOUR *dont je connais enfin le nom ador...* » (*NV*,217). Notons la reprise du verbe *rompre* : les amarres rompues de la première partie deviennent le cœur rompu du dénouement. Mauriac a tout fait pour rattacher les chapitres de la conversion au récit ; du point de vue de la thématique et du style il n'y a pas de rupture.

Lorsque la rhétorique ne suffit pas à traduire l'expérience de la conversion, Mauriac n'hésite pas à faire appel à la typographie pour suggérer la présence de l'ineffable, de l'inconnu, de ce qu'il indique par le signe — (*NV*,88). Les majuscules signalent une présence divine : au cœur tout court s'oppose le Cœur des cœurs : « [...] *cela ne sert à rien de révolutionner la face du monde ; il faut atteindre le monde au cœur. Je cherche celui-là seul qui accomplirait cette victoire ; et il faudrait que lui-même fût le Cœurs des cœurs, le centre brûlant de tout amour.* » (255).

À un visage s'oppose le Visage divin, la croix devient un Signe adoré :

J'ai paru haïr d'une expiable haine tout ce que tu professais, et je n'en continue pas moins de haïr ceux qui se réclament du nom chrétien ; mais n'est-ce pas que beaucoup rapetissent une espérance, qu'ils défigurent un visage, ce Visage, cette Face ? [...] Isa, n'y a-t-il pas dans la turpitude je ne sais quoi qui ressemble, plus que ne fait leur vertu, au Signe que tu adores ? (*NV*,151)

Notons aussi au passage la tournure inattendue « *d'une expiable haine* » alors que le lecteur s'attend plutôt au cliché « d'une inexpiable haine ».

Au moyen de l'antithèse, du paradoxe, de la majuscule, Mauriac s'efforce de subvertir la réalité rationnelle, de suggérer au lecteur l'existence d'un autre plan, d'une dimension spirituelle [34]. Cette subversion ne révolutionne pas la face du monde, comme le reconnaît Mauriac lui-même, mais elle aspire à changer notre perception de ce monde. Aux yeux des médiocres qui composent la majorité des hommes, cette tentative frôle la folie. Nous n'en sommes jamais loin dans *Le Nœud de vipères*.

vers la folie

Lorsque Louis relit les lignes qu'il a écrites la nuit de la grêle, le mot *folie* qu'il redoute revient sous sa plume comme un leitmotiv obsédant : « *Quel jour ouvrent sur moi les dernières lignes, écrites la nuit de la grêle ! N'étais-je pas au bord de la* FOLIE ? *Non, non, ne parlons pas ici de* FOLIE. *Que* LA FOLIE *ne soit pas même nommée. Ils seraient capables de s'en servir contre moi, si ces pages leur tombaient entre les mains.* » (*NV*,157).

En quoi consiste cette folie ? Dans la première partie, Louis dénonce à la fois la religion et le désintéressement comme des aberrations de l'esprit. L'éducation religieuse qu'Isa s'obstine à donner aux enfants apparaît à l'athée qu'est Louis comme « *le dépôt du dogme, cet ensemble d'habitudes, de formules, — cette folie* » (*NV*,96). L'idée de renoncer à ses propriétés au profit des enfants ne semble pas moins insensée : « *Voilà ce qui me reste : ce que j'ai gagné, au long de ces années affreuses, cet argent dont vous avez la folie de vouloir que je me dépouille.* » (86).

Louis est cependant plus accessible qu'Isa à l'enseignement de l'Évangile, à ce qu'il appelle « *la sublime folie chrétienne* » (*NV*,96). Dans les discussions qui l'opposent à sa femme, Louis adopte une nouvelle tactique : « *Bien loin d'attaquer de front tes croyances, je m'acharnais, dans les moindres circonstances, à te mettre en contradiction avec toi. Ma pauvre Isa, aussi bonne chrétienne que tu fusses, avoue que j'avais beau jeu. Que charité soit synonyme d'amour, tu l'avais oublié, si tu l'avais jamais su.* » (102).

Lorsque Isa répond qu'il ne faut pas prendre l'Évangile

au pied de la lettre, Louis l'accable d'exemples pour prouver que « *la sainteté consiste justement à suivre l'Évangile au pied de la lettre* » (*NV*,104). La religion pratique et hypocrite d'Isa est le contraire de la sublime folie qui tente son mari incroyant.

La subversion d'un monde déformé par la propriété ne peut se faire que par l'abolition, solution révolutionnaire et politique, ou le renoncement, solution morale et religieuse. Toutes deux sont des folies aux yeux du monde. En renonçant à ses propriétés, Louis fait le premier pas vers la sainteté : « *C'est étrange, mes enfants, leur dis-je, que je finisse par faire ce qui m'a toujours paru être la plus grande folie...* » (*NV*,238). C'est l'aboutissement d'un long combat avec lui-même qui arrive à son apogée à Paris. Le vieillard que les enfants avaient voulu enfermer, a fini par prendre l'allure d'un fou, il a envie de crier aux gens : « *"Qu'ai-je donc d'extraordinaire ? Me prenez-vous pour un dément ? Il ne faut pas le dire : les enfants en profiteraient. Ne me regardez pas ainsi : je suis comme tout le monde, — sauf que mes enfants me haïssent et que je dois me défendre contre eux. Mais ce n'est pas là être fou".* » (217).

La vraie folie sera de vouloir recommencer sur de nouveaux frais, une vie qui a déjà pris forme : « *Quelle folie, à soixante-huit ans, d'espérer remonter le courant, leur imposer une vision nouvelle de l'homme que je suis pourtant, que j'ai toujours été ! Nous ne voyons que ce que nous sommes accoutumés à voir.* » (*NV*,254).

Ce n'est pas par hasard que les allusions à la folie se multiplient dans la dernière partie du roman lorsque Louis prend le contre-pied de toutes ses idées reçues. Seule Janine, délivrée par la souffrance et la folie du pharisaïsme raisonnable de son milieu, s'avère capable de comprendre ce grand-père qui est une autre face d'elle-même. En ville, écrit

Hubert, on fait des rapprochements entre la neurasthénie de Janine et les excentricités de Louis (*NV*,280). La similarité n'est pas fortuite. Lorsque Janine demande de suivre son grand-père à Calèse, sa mère la croit folle (263). Après la visite du vieillard, Janine écrit à Phili « une lettre de folle », de quoi lui faire perdre, à elle aussi, un procès en séparation (266). Comme le remarquent ses proches, elle recommence les bêtises de ses grand-parents. Comme Isa et Louis, Janine ne communique que par le biais unilatéral de la lettre, alors qu'un dialogue véritable avec Phili n'a jamais eu lieu. Son drame répète à une moindre échelle celui de ses grand-parents. Après la révolte manquée — la lettre libératrice à Phili — Janine sera enfermée dans une maison de santé : « *Il ne s'agissait pas de folie, bien entendu. On espérait beaucoup de cette* CURE D'ISOLEMENT. » (266). Phrase ironique pour qui sait combien les héros mauriaciens souffrent de leur solitude forcée.

Comme son grand-père, Janine se croit la victime d'un complot (*NV*,267), comme Louis, ses accès de spontanéité la rendent suspecte de folie. Un parallèle s'établit entre la jeune femme neurasthénique, « *une créature qui ne peut rien recevoir d'un autre* » (270), et le vieillard obsédé. Condamnée comme Louis au huis clos du monologue, abandonnée par le seul être qu'elle aime, elle rumine interminablement les antithèses de sa défaite : « *Ces paroles annoncent indifféremment un* RÉQUISITOIRE *ou un* DITHYRAMBE, *et le ton seul me laisse pressentir si elle va* L'EXALTER, *le* COUVRIR DE BOUE. *Mais qu'elle le glorifie ou le salisse, les faits qu'elle cite m'apparaissent insignifiants. L'amour communique à cette pauvre femme, si dénuée d'imagination, un étonnant pouvoir de déformer, d'amplifier.* » (268-9).

Cet étonnant pouvoir de déformer, d'amplifier est aussi celui du narrateur/écrivain. La folie que Mauriac transfère de Louis à Janine, n'en reste pas moins aux yeux des siens, l'apanage du vieillard seul. Le Journal confirme leurs craintes. Hubert, apôtre de l'équilibre, n'hésite pas à parler de folie : « [...] *ce cahier apporte une preuve évidente du délire intermittent dont le pauvre homme était atteint. Son cas me paraît assez intéressant pour que cette confession fût soumise à un psychiatre...* » (*NV*,279).

Le dialogue qui s'engage vers la fin du livre entre Dieu et le vieillard, la conversion décrite par le Journal et confirmée par Janine, ne sont aux yeux du monde qu'un « *délire à forme religieuse* » (*NV*,281).

le paradoxe du type

Pour incarner ses contradictions, Mauriac a créé un personnage paradoxal : un avare qui ne chérit pas l'argent. C'est d'abord en tant qu'avare que le lecteur identifie le narrateur. Louis appartient à une tradition littéraire, c'est un frère d'Harpagon et du père Grandet, comme Thérèse Desqueyroux est une version mauriacienne d'Emma Bovary, avec des échos de Phèdre, pécheresse lucide. Paradoxalement, les personnages les plus vivants de Mauriac ne sont pas des créations originales, mais se placent dans une typologie fonctionnelle du personnage littéraire. Le lecteur les range sans peine dans la catégorie de la femme incomprise ou de l'avare morbide. La ressemblance classique (Phèdre, Harpagon) renvoie à l'archétype ; la similarité avec des personnages du roman réaliste (Madame Bovary, Grandet) naît du climat provincial où évoluent les personnages. Le modèle littéraire, pour Mauriac, ne semble pas moins significatif que le modèle vivant. Au contraire, le modèle littéraire a l'avantage d'avoir été formulé, de présenter une structure verbale à laquelle on peut se conformer, qu'on peut parodier ou dépasser, alors que le modèle vivant, fluide encore, se laisse difficilement cerner.

Au type de l'avare réaliste que nous ont transmis le théâtre de Molière et le roman de Balzac, Mauriac ajoute une dimension qu'il n'avait pas chez ses prédécesseurs : l'inquiétude métaphysique. Grandet est un avare sans scrupules, qui se délecte de ses possessions ; Louis est un avare angoissé et qui a mauvaise conscience. La divergence est d'abord historique : un siècle sépare le parvenu de la Monarchie de Juillet de l'intellectuel-propriétaire de la Troisième République. Facilement reconnaissable grâce à la tradition littéraire dans laquelle il se place, le Louis de Mauriac renouvelle cependant le stéréotype. Ce genre de personnage romanesque a d'ailleurs les plus grandes chances de succès populaire : les éléments neufs ajoutés par l'auteur n'oblitèrent pas l'aspect familier du type, que le lecteur regarde évoluer avec plaisir, comme il retrouve avec plaisir les types de la *commedia dell'arte*. Le dosage savant d'éléments connus et nouveaux détermine la vraisemblance du personnage qui est autant psychologique que littéraire : les traits qui semblent convaincants et réalistes au lecteur ne le sont pas nécessairement parce qu'ils correspondent à un modèle psychologique prédéterminé et plausible, mais plutôt parce qu'ils se conforment à la formulation littéraire de ce qui est d'abord une abstraction : L'Avare, Le Misanthrope, L'Hypocrite. Notre lecture, si nous ne lisons pas le premier livre de notre vie, est conditionnée par nos lectures précédentes de romans et de pièces. Cette expérience livresque crée un filtre au travers duquel passent nos impressions de lecteur : dans la tradition du réalisme occidental, cette expérience aboutit à un certain modèle de vraisemblance, auquel se réfèrent toutes les œuvres littéraires, pour l'accepter, le rejeter ou le parodier.

Mauriac, écrivain encore classique, accepte le modèle mais le modifie. On retrouve chez Louis toutes les caractéristiques de l'avare-type : tyran domestique qui subordonne les intérêts humains à la propriété, il sera aussi forcément misanthrope. Les hommes ne sont appréciés qu'en fonction de leur utilité en tant qu'instruments d'acquisition, jamais considérés pour eux-mêmes. Mauriac a conservé les éléments de la formule classique : avarice - misanthropie - tyrannie domestique, en leur joignant l'angoisse métaphysique, avec son corollaire contradictoire : mépris de la propriété, ce qui subvertit l'équation originale :

Avarice → (Misanthropie + Tyrannie) + Angoisse métaphysique
↓   ↓
Amour de la propriété   Mépris de la propriété

Cette subversion du type (« Ce n'était pas l'argent que cet avare chérissait ») renforce l'aspect paradoxal du roman.

V

LES STRUCTURES TEMPORELLES

jalons chronologiques

Tout roman s'ordonne dans le temps, à plus forte raison un roman qui comme *Le Nœud de vipères* présente l'histoire d'une vie. Aucun livre de Mauriac ne suggère mieux que *Le Nœud de vipères* l'épaisseur d'une durée irréversible s'acheminant vers la mort du narrateur qui clôt le roman. Le flottement générique de l'œuvre entre le Journal, immergé dans un présent sans cesse renouvelé, et les mémoires qui évoquent un passé à jamais révolu, place au centre du roman la hantise du temps qui passe. De ce fait chaque indication temporelle présente une extrême importance dans un livre auquel on pourrait donner comme sous-titre : « À la recherche d'une vie perdue ». Chaque date, chaque jalon chronologique s'insère dans une structure complexe, riche en associations de tout ordre.

Ce n'est pas par hasard que le Journal commence dans la semaine sainte de l'année 193... et se termine le 23 novembre de la même année. Quelle date exacte se cache derrière cette notation partielle ? Toutes les indications fournies par le début du roman convergent vers l'année 1930. Marié à 23 ans (*NV*,19) Louis apprend le secret d'Isa lors de leur lune de miel en 1885 (21) ; il est donc probablement né en 1862. Quarante-cinq ans se sont écoulés depuis (21), nous sommes donc en 1930. Un autre calcul aboutit au même résultat : né en 1862, c'est en 1930 que Louis fêtera son soixante-huitième anniversaire. L'année du mariage de Louis — 1885 — est l'année de la naissance de Mauriac. Le décalage d'une génération entre Louis et son créateur fait du narrateur du *Nœud de vipères* un contemporain du père que Mauriac n'a pas connu, et de son oncle incroyant Louis. Des liens de parenté s'établissent une fois de plus entre l'écrivain et son personnage et nous éclairent sur la genèse obscure du roman. Nous connaissons grâce à Claude Mauriac la date précise à laquelle l'écrivain a commencé son roman : le 16 février 1931. Or le romancier a fait mourir son héros dans la nuit du 23 novembre 1930. Fait significatif, le temps de l'écriture de Mauriac rejoint, avec seulement quelques mois de décalage, le temps de l'écriture du narrateur. Le romancier semble prendre le relais de son personnage disparu pour faire sienne son aventure. La notation partielle 193... laisse subsister l'illusion de l'actualité.

Les indications fournies par les premiers chapitres ne semblent pas moins significatives. La première notation temporelle du roman nous apprend que le narrateur fête solitairement son anniversaire qu'aucun membre de sa famille ne se soucie de célébrer avec lui :

J'entre dans ma soixante-huitième année et je suis seul à le savoir. Geneviève, Hubert, leurs enfants ont toujours eu, pour chaque anniversaire, le gâteau, les petites bougies, les fleurs... Si je ne te donne rien pour ta fête depuis des années, ce n'est pas que je l'oublie, c'est par vengeance. Il suffit... Le dernier bouquet que j'ai reçu ce jour-là, ma pauvre mère l'avait cueilli de ses mains déformées...   (*NV*,14)

C'est la date fatidique de l'anniversaire qui cristallise les velléités d'expression du vieillard et explique sa « soudaine furie d'écrire ». Le texte juxtapose désir d'écrire et anniversaire en laissant au lecteur le soin d'établir la relation de cause à effet : « *Quelle est cette fièvre d'écrire qui me prend, aujourd'hui, anniversaire de ma naissance ?* » (*NV*,14). Pour Louis, comme pour Stendhal, la question génératrice de l'autobiographie le « Que suis-je ? Qu'ai-je été ? » d'Henry Brulard se pose avec insistance aux jours qui se détachent de la grisaille du temps qui s'écoule. « Je vais avoir la cinquantaine » note Stendhal au début de *La Vie d'Henry Brulard* ; « je viens d'avoir soixante-huit ans » note le narrateur du *Nœud de vipères* au seuil d'une longue confession. La figure de la mère disparue surgit à propos pour rendre plus poignant ce retour aux origines.

Si le moment biographique, l'anniversaire, précipite la composition de la lettre-confession, le moment chronologique et liturgique n'en est pas moins important. C'est l'anniversaire du vieillard, mais c'est aussi la semaine sainte. Y. Le Hir dans une étude de l'expression stylistique du temps dans *Le Nœud de vipères* note l'importance des dates : « *Commencé la semaine sainte, le journal s'achemine donc vers le temps de l'Avent* » (p. 5 [35]), or comme il le souligne, « *chez un écrivain catholique, ces coïncidences ne sont pas accidentelles* » (p. 13 [35]).

C'est le Jeudi saint que commence la lettre à Isa ; le lendemain, Louis se rend compte que la lettre est en passe de devenir un Journal interrompu et repris (*NV*,36). Il continue à écrire puis s'arrête en se rappelant que c'est le Vendredi saint : « *L'heure de l'angélus est passée et je ne l'ai pas entendue... mais il n'a pas sonné : c'est aujourd'hui le Vendredi saint.* » (52). Le drame initial du roman se noue donc à un moment privilégié de l'année chrétienne, dans la semaine de Pâques, fête de la résurrection et de la rédemption. Les mémoires de Claude Mauriac nous renseignent sur l'importance de Pâques pour les Mauriac. C'était le moment d'une réunion de la famille tout entière à Malagar/Calèse et pour l'écrivain, l'occasion de méditations poétiques et religieuses. La partie du *Temps immobile* de C. Mauriac, consacrée à la disparition du père, s'appelle précisément « Le plus beau jour des jours de Pâques », d'après un vers de Jammes que Mauriac avait coutume de citer le dimanche de Pâques [36].

La fête familiale rend plus poignante la solitude du narrateur qui ne fait plus partie de la tribu : « *Dans la nuit de Pâques, la maison est chargée de couples. Et moi, je pourrais être le tronc vivant de ces jeunes rameaux. La plupart des pères sont aimés.* » (*NV*,88).

La haine et la vieillesse le séparent des siens : « *Ils sont tous partis pour les vêpres. Pâques a vidé la maison, les champs. Je demeure seul, vieux Faust séparé de la joie du monde par l'atroce vieillesse.* » (*NV*,74).

Les allusions historiques et littéraires se font extrêmement rares dans les romans de la maturité de Mauriac. Dans *Le Nœud de vipères* nous ne relevons que « *les défis stendhaliens* » (*NV*,38) et un rappel de la Terreur et de Robespierre à propos de la mort de Luc (144). L'allusion à Faust n'est pas fortuite ; elle évoque clairement le drame d'un autre incroyant, damné et sauvé *in extremis* comme le sera Louis. On se souvient que c'est le jour de Pâques que commence le *Faust* de Goethe : Faust écoute en pleurant le son des cloches et le chœur angélique.

La date du dénouement ne semble pas moins significative, bien que ses connotations liturgiques soient moins évidentes. Mauriac a soin d'indiquer la date exacte de la mort de Louis ; c'est le matin du 24 novembre qu'Amélie le trouve mort à sa table, « *la face contre un cahier ouvert* » — fin digne d'un écrivain. John Flower commente : — « [...] il meurt la nuit du 23 novembre qui n'est pas seulement, rappelons-nous, la veille de la fête de saint Jean de la Croix, mais aussi la nuit où deux cent et soixante-seize ans plus tôt, Pascal lui aussi avait découvert la foi. C'est aussi quelques jours avant l'Avent, la saison de pénitence avant l'Incarnation. » [37].

Il importe de noter que Louis meurt un mois avant Noël ; sa mort se place donc sous le signe de l'avant/Avent, et finalement de l'incertitude. Janine dans la lettre-épilogue nous apprend que le vieillard attendait Noël pour communier : « *obsédé par son indignité, le pauvre homme avait résolu d'attendre Noël* » (*NV*,285). Le texte réfute donc l'impression superficielle d'une progression de Pâques à Noël : Mauriac fait mourir le narrateur un mois, presque jour pour jour, avant la fête impatiemment attendue [38]. La conversion reste ambiguë et le salut incertain.

La première partie du roman, située à Calèse, se place en tout cas à l'ombre du drame religieux de Pâques. Une autre fête, républicaine celle-là, domine le début de la seconde partie : c'est le 14 juillet. La capitale laïque apparaît comme l'antithèse de la province religieuse. Paris et la province s'opposent toujours chez Mauriac. Au mystère sacré du terroir s'oppose le drame révolutionnaire de la ville :

Ce soir, 13 juillet, un orchestre joue en plein vent ; au bout de la rue Bréa, des couples tournent. O paisible Calèse !   (*NV*,162)
Ne pouvant dormir, je me suis rhabillé et j'ai gagné la rue. Pour atteindre le boulevard Montparnasse, j'ai dû me frayer un chemin à travers les couples dansants. Autrefois, même un républicain bon teint comme je l'étais, fuyait les fêtes du 14 juillet. L'idée ne serait venue à aucun homme sérieux de se mêler aux plaisirs de la rue.   (*NV*,187)

Comme Pâques à Calèse, le 14 juillet à Paris renforce le désespoir du narrateur et confirme son isolement. La fête rejette les exclus dans l'enfer de leur solitude.

En l'espace de quelques centaines de pages Mauriac évoque une vie entière. Commencé dans la soixante-huitième année de la vie du narrateur et continué jusqu'à sa mort, le texte se place sous le signe du souvenir mêlé inextricablement au présent. Passé et présent s'enchevêtrent ; à leur point d'intersection, au point nodal des temporalités naît le roman d'une vie. Pour adopter le terme de G. Genette, c'est l'*anachromie* qui marque la narration du roman. Genette nomme ainsi toute discordance entre l'ordre de l'histoire et celui du récit [39]. La progression du *Nœud de vipères* n'est pas linéaire et chronologique comme dans les mémoires traditionnels, mais procède par un mouvement perpétuel de va-et-vient entre présent et passé. Écrivant après Joyce et Proust, Mauriac ne fait cependant pas preuve d'une grande audace technique. Le passé n'est pas évoqué tel qu'il surgit réellement des méandres de la mémoire, ce qui aurait entraîné l'emploi du monologue intérieur. Cette dernière technique devait répugner à l'intelligence analytique de Mauriac. Au lieu du monologue intérieur où l'écrivain simule avec un minimum d'apprêts les bouillonnements et les balbutiements d'une conscience, *Le Nœud de vipères* nous présente une évocation plus ordonnée où le passé surgit de la mémoire par blocs séquentiels qui couvrent chacun, en suivant l'ordre chronologique, une partie de la vie du narrateur. L'authenticité chaotique du souvenir est sacrifiée à un sentiment d'ordre encore classique [40].

La première partie du roman nous raconte en 150 pages toute la vie d'un vieillard de soixante-huit ans ; l'action de la seconde, par contre, ne couvre qu'une période de quelques mois, de juillet à novembre 1930. Mauriac suggère le passage du temps par divers moyens stylistiques que Y. Le Hir dénombre dans son étude. Les blancs qui séparent les paragraphes signalent, entre autres, « *une brisure dans la succession chronologique* » (p. 6 [35]). À part la disposition typographique, Mauriac utilise naturellement l'opposition des temps : présent—passé—futur. Le futur du *Nœud de vipères* est le temps de la déception qui débouche sur la mort et l'incertitude ; rien de ce que Louis anticipe ne se réalisera. Il ne mourra pas avant sa femme, il ne verra pas la déconvenue de ses enfants, il ne trouvera pas dans Robert le noble héritier qu'il attendait, il n'arrivera pas à convaincre ses proches de l'authenticité de sa métamorphose. Le futur de l'anticipation devient au cours du roman le présent puis le passé de la désillusion.

Une analyse des temps employés par Mauriac, excepté le futur, révèle l'existence de trois paliers temporels :
1) le présent fictif du narrateur qui est le présent de l'écriture [p] ;
2) le passé récent qui précède immédiatement le temps de l'écriture [ps$_1$] ;
3) le passé éloigné, historique, qui dans la première partie sert à évoquer dans l'ordre chronologique toute la vie du narrateur [ps$_2$].

L'ordre chronologique de cette évocation du passé est renforcé par les dates entre parenthèses que Mauriac a soin de fournir au lecteur. Une analyse schématique de la première partie du *Nœud de vipères*, écrite à Calèse, révèle la structure suivante :

Chapitre I	[p]	situation du narrateur
	[ps$_2$]	retour en arrière, la lune de miel et première mention de Rodolphe
Chap. II	[ps$_2$]	enfance, adolescence, vie de l'étudiant (1879-1880), avec des commentaires au présent [p]

Chap. III	[p]	brève transition
	[ps$_2$]	fiançailles et mariage (1885)
	[p]	retour au présent à la fin du chapitre
Chap. IV	[ps$_1$]	le Vendredi saint en famille, écrit le lendemain
	[ps$_2$]	lune de miel avec Isa (1885)
Chap. V	[ps$_2$]	premières années de mariage, rapports avec les enfants
	[ps$_1$]	conversations récentes avec les enfants
	[p]	commentaires au présent
Chap. VI	[ps$_2$]	l'affaire Villenave (1893)
	[p]	retour au présent à la fin du chapitre
Chap. VII	[ps$_2$]	la liaison (1909), le père de famille (1895—1900), l'affaire Dreyfus
Chap. VIII	[ps$_2$]	la mort du baron Philipot (1896 ou 1897) — Marinette (morte en 1900)
Chap. IX	[ps$_2$]	départ de Marinette, mort de Marie, rencontre le père de Luc (1914), la maladie du narrateur
Chap. X	[p]	transition au présent : « *je reprends ce cahier après une crise qui m'a tenu près d'un mois sous votre coupe* »
	[ps$_1$]	souvenir de Phili venu le fouiller
	[ps$_2$]	Luc et sa mort à la guerre de 1914
Chap. XI	[p]	méditation sur la propriété : la tempête et le détachement

Le présent apparaît d'après ce schéma comme un temps accessoire, le temps de la transition qui est réservé aux débuts et fins de chapitre, aussi bien que le temps de l'embrayage qui mène du présent au passé. Le présent sert aussi, bien entendu, à transcrire les méditations et les commentaires du narrateur. Mais, comme le démontre ce schéma, c'est le passé éloigné qui domine dans cette première partie. Malgré un apparent désordre, l'évocation du passé suit un ordre strictement chronologique, étayé par des dates.

Le dernier chapitre de la première partie marque un retour au présent du narrateur. La coupure du texte entre la première et la seconde partie ne signifie pas seulement le passage d'un lieu à un autre. Louis quitte Calèse et ne reprendra son récit qu'une fois installé dans un hôtel à Paris. Mais il y a plus; comme le montre le schéma temporel, toute cette première partie fonctionne comme une exposition qui prépare et explique l'action dramatique de la seconde (le complot à Paris, la mort d'Isa, le retour et le renoncement de Louis). Le passé éloigné disparaît à ce moment du texte. Le narrateur a fini de nous conter sa vie ; l'exposition prend fin au moment où le passé rejoint le présent de l'action [41]. Du point de vue de la structure romanesque, *Le Nœud de vipères* présente donc une caractéristique insolite : l'exposition du roman s'étend sur plus de la moitié du texte (153 pages pour un total de 287). La même disproportion apparaît dans *Thérèse Desqueyroux* ; là aussi, le récit proprement dramatique ne s'engage qu'à partir du chapitre IX, l'arrivée de Thérèse à Argelouse. Le flashback qui précède, est comme dans *Le Nœud de vipères*, une évocation du passé éloigné (adolescence, mariage, vie conjugale avec Bernard) qui explique l'action dramatique des chapitres suivants (la séquestration et la libération de Thérèse). Le drame central — l'empoisonnement — situé à la charnière de l'exposition et de la partie dramatique, n'apparaît qu'obliquement, réfracté par la mémoire récalcitrante de l'héroïne.

Lorsque l'exposition s'achève, le passé éloigné, historique disparaît mais la division tripartite du temps de la narration se maintient quand même. Dans la seconde partie du *Nœud de vipères* nous retrouvons les trois paliers temporels : présent de l'écriture, passé récent et passé plus éloigné, seulement ce dernier n'est plus le temps des réminiscences qui vont de l'enfance au présent, mais Mauriac le réserve à l'évocation de Calèse, d'avant le départ pour Paris, ou l'évocation de Paris, après le retour à Calèse. Nous avons donc : [p] présent de l'écriture, [ps₁] passé qui précède immédiatement l'écriture et [ps₂] un passé plus éloigné mais qui ne remonte jamais plus haut que 1930, et se borne à l'évocation d'un passé relativement récent. Alors que les dates disparaissent dans cette partie, Mauriac a soin d'indiquer au lecteur le lieu de l'écriture, que ce soit Paris ou Calèse.

Le schéma de la seconde partie est le suivant :

Chapitre XII	— (écrit à Paris)	
	[p]	situation du narrateur
	[ps₁]	départ pour Paris, rencontre avec Robert et sa mère
	[ps₂]	Calèse avant le départ, conversation surprise par le narrateur
Chap. XIII	— (écrit à Paris)	
	[ps₂]	Calèse avant le départ, dernière conversation avec Isa
Chap. XIV	— (écrit à Paris)	
	[ps₁]	randonnée à Paris, rencontre de Robert
Chap. XV	— (écrit à Calèse comme tous les chapitres qui suivent)	
	[p]	méditation sur sa confession
	[ps₂]	maladie à Paris, la trahison de Robert
Chap. XVI	[ps₂]	confrontation avec Robert
Chap. XVII	[ps₂]	apprend la mort d'Isa, retour à Calèse explication avec les enfants
Chap. XVIII	[p]	situation du narrateur après les partages
	[ps₁]	cherche des lettres d'Isa, essaie de parler aux domestiques, le tout mêlé de réflexions au présent [p]
Chap. XIX	[ps₁]	le malheur de Janine
Chap. XX	[ps₁]	la vie avec Janine
	[p]	dernière phrase au présent de l'écriture

Cette analyse ne présente que les grandes lignes d'une construction minutieuse et complexe dont la plus petite unité, comme l'a remarqué Y. Le Hir, n'est pas le chapitre, mais le paragraphe. Dans ce roman, le moins linéaire de ses œuvres, Mauriac préfère la narration différée et oblique au reportage immédiat qui est le propre du journal intime. Les chapitres les plus faibles du roman sont paradoxalement ceux où il s'approche le plus du Journal, où le passé éloigné, distancié [ps_2] disparaît au profit des temps caractéristiques du genre : le présent de l'écriture [p] et le passé récent [ps_1]. Ces deux temps marquent les trois derniers chapitres du *Nœud de vipères*.

La narration différée permet à Mauriac de mettre en œuvre le principe de retardation. Dans le premier chapitre, le narrateur mentionne Rodolphe, mais l'importance de ce personnage ne sera élucidée que bien plus tard, au chapitre IV ; de même, dans la seconde partie, Louis ne révèle que graduellement la trahison de Robert, la mort d'Isa et les partages qui précèdent tous le moment où il reprend son récit à Calèse, après son retour de Paris (chap. XV—XVII).

Après cette deuxième exposition, à la fin du chapitre XVII, comme à la fin de la première partie, nous rejoignons de nouveau le présent de l'écriture ; le passé n'a plus rien à nous apprendre, seul le futur de la mort offre peut-être le mot de l'énigme. La dernière phrase, écrite au présent, après une évocation de la soirée passée avec Janine, projette une vision mystique de l'avenir.

VI

L'IMAGINAIRE MAURIACIEN

les origines

RIEN de plus tentant qu'une psychanalyse du personnage mauriacien, proche parent de son créateur. Mauriac a prodigué des confidences sur sa jeunesse, il a avoué maintes fois que toute une œuvre était née de son enfance provinciale, janséniste, dominée par la figure maternelle. Tout l'imaginaire mauriacien dérive de cette enfance, des rapports familiaux qui l'ont marquée, des paysages passionnément ressentis, de la nature païenne qui depuis toujours s'oppose à l'intérieur chrétien. L'enfance à Bordeaux a été une préfiguration :

> [...] il m'a suffi de cette ville triste et belle, de son fleuve limoneux, des vignes qui la couronnent, des pignades, des sables qui l'enserrent et la font brûlante, pour tout connaître de ce qui devait m'être révélé.[...] Plusieurs [...] flattaient en nous un beau destin commençant : mais nous savions, au plus secret de notre âme, que tout était déjà fini ; notre enfance à Bordeaux fut une préfiguration. (IV,156)

Rien d'étonnant à ce que la même configuration psychique marque la plupart des héros de Mauriac, bordelais et catholiques comme leur créateur. Le critique J. Baudry remarque en 1933 : « [...] *ses héros ont un fonds commun inaltérable, d'habitudes, d'atavismes, de pensées, de réflexes. Ils portent les mêmes noms, sans créer pour cela, à travers les œuvres diverses, une seule famille, une société ; signe de leur dépendance, non point les uns envers les autres, par leur vie propre, mais envers leur auteur.* » [42].

L'identification s'établit d'une manière plus évidente avec les personnages masculins qui seront, comme Mauriac, privés de père et profondément attachés à la mère. (Thérèse Desqueyroux, par contre, ne connaîtra pas sa mère.) Attachement ambivalent, car la mère apparaît à la fois comme une oasis de tendresse et une *genitrix* redoutable. Incapable de rompre les liens qui l'attachent à la mère, le héros mauriacien oscille entre l'adoration et la haine de celle qui l'a subjugué à jamais. Ce thème de la tyrannie maternelle a hanté Mauriac pendant de longues années ; il ne se délivrera de cette obsession que lorsqu'il l'aura cristallisée en poésie. Pendant quinze ans (1925—1940) Mauriac mûrit son poème *Le Sang d'Atys*, l'histoire du berger Atys puni par Cybèle sa mère. Atys, qui avait osé aimer une nymphe, Sangaris, sera châtré par la mère vengeresse et changé en pin. Dans la dernière partie du poème, Mauriac s'efforce de christianiser le mythe païen en faisant du pin une préfiguration de la croix. Le sur-moi de l'écrivain intervient une fois de plus pour modifier la matière brute du rêve. De ce poème clef, M. Quaghebeur propose une lecture passionnante [43].

C'est seulement après l'acte libérateur du *Sang d'Atys* que Mauriac pourra introduire le père absent et l'allier à l'enfant contre l'ennemie commune, la mère. Ce sera le thème du *Sagouin* (1951) qui consacre cependant la défaite du mâle : à la fin du récit, le père découronné et l'enfant persécuté vont se noyer ensemble pour fuir l'emprise maternelle. Dans ses dernières œuvres : *Un Adolescent d'autrefois* (1969) et sa suite posthume *Maltaverne*, deux récits qui disent « je », Mauriac revient au thème obsédant de l'enfant chargé de chaînes.

De Fernand Cazenave en passant par Yves Frontenac jusqu'à Alain Gajac, c'est bien la même structure mentale qui se répète : la femme aimée apparaît comme une rivale toujours vaincue de la mère. Que le héros se marie ou non, il pourrait faire sienne la plainte du narrateur octogénaire de *Maltaverne*, qui est Alain Gajac vieilli : « *Mais pourquoi, moi qui ai toujours eu besoin d'une femme, pour relayer ma mère auprès de moi, et qui en fait n'ai jamais aimé que l'enfance, ne me suis-je pas marié et n'ai personne à qui léguer ces pins survivants.* » (*Malt.*,6).

Louis, du *Nœud de vipères*, marié et père de famille, n'est pas essentiellement différent du vieillard solitaire ; comme Alain Gajac, il n'a pas connu son père. Fils unique, élevé par une veuve qui l'adore et lui passe tous ses caprices, il grandit en égoïste parfait. Entouré d'enfants qui attendent impatiemment l'héritage, il cherche, comme le vieux Gajac, à qui léguer son bien. Marié, il retrouve dans le mariage une solitude qui est celle de tous les personnages mauriaciens.

Mais l'originalité du *Nœud de vipères* ne réside pas dans la peinture du triangle mauriacien : la mère, le fils et l'autre femme, mais plutôt dans l'élargissement de ce cadre. *Le Nœud de vipères* considère la famille tout entière comme une combinatoire de personnalités et de désirs, un conflit permanent aussi bien vertical — entre les générations, qu'horizontal — entre frères et sœurs (Hubert et Robert, Isa et Marinette). Les conflits qui seront atténués ou ignorés dans *Le Mystère Frontenac* apparaissent ici comme la matière même des rapports familiaux. *Le Nœud de vipères* ne se contente pas d'être un drame familial. Si *Thérèse Desqueyroux* met en cause le mariage bourgeois tel qu'on le pratique dans un certain milieu, *Le Nœud de vipères* dénonce la famille bien pensante tout entière, en tant qu'institution bourgeoise fondée sur la propriété. On pourrait à la rigueur lire *Thérèse Desqueyroux* comme le drame individuel d'une femme mal mariée, mais *Le Nœud de vipères* ne se prête pas à une explication partielle : ce n'est pas seulement la tragédie d'un homme singulier, c'est aussi et surtout un réquisitoire total contre la famille. Né de la même rancune que le célèbre cri de Gide « Familles, je vous hais ! », *Le Nœud de vipères* fait de la bonne littérature avec de mauvais sentiments. La virulence des passions qu'il déchaîne se manifeste d'emblée dans le titre, devenu un cliché de la langue pour désigner une famille cupide et divisée, comme celle du narrateur.

Le Nœud de vipères analyse les rapports entre les générations d'une manière bien plus détaillée que les autres romans de Mauriac : des parents Fondaudège et de la mère du narrateur jusqu'à la petite-fille de Janine, le romancier nous présente cinq générations. En apparence nous sommes donc loin des simplifications de l'œdipe : la mère du narrateur cède sa place sans coup férir à la jeune femme que Louis a décidé d'épouser. La mère disparaît discrètement de la vie du couple. Et pourtant le triangle œdipien figure en bonne place dans le roman, à la fois occulté et décanté dans un épisode étrange. L'affaire Villenave, cause célèbre inventée de toute évidence par Mauriac, apparaît dans le contexte des récriminations conjugales du vieillard comme un hors-d'œuvre déconcertant. Louis rappelle l'affaire à Isa sous prétexte de lui fournir un exemple de dévouement conjugal, mais cet apologue sonne faux. Les Villenave sont célèbres dans toute la région pour leur entente. Ils s'aiment passionnément et leur fils adolescent, jaloux de l'amour exclusif de sa mère, tire sur son père. Madame de Villenave, pour protéger ce fils qu'elle n'aime pourtant pas, s'accuse elle-même du crime passionnel. Louis, l'avocat chargé de sa défense, découvre la vérité. Le narrateur a soin d'indiquer qu'il ne s'agit pas dans ce cas d'amour maternel : « *L'amour conju-gal, non l'amour maternel l'avait poussée... (Et la suite l'a bien prouvé : elle s'est séparée de son fils et sous divers prétextes a vécu toujours éloignée de lui).* » (*NV*,84).

L'affaire Villenave est une arme à double tranchant ; si elle prouve le dévouement conjugal (Madame de Villenave, d'après Mauriac, voulait sauver le fils de son mari, l'héritier de son nom, plutôt que son propre enfant), elle prouve autant, sinon davantage, la haine d'un fils pour son père. Cet aspect que Mauriac n'explicite jamais, alors qu'il insiste à plusieurs reprises sur les mobiles de la mère, semble justi-fier la place de l'affaire, au milieu des réminiscences du héros. Les rapports entre pères et fils forment en effet un des axes principaux du roman.

pères et fils

L'affaire Villenave est avant tout une tentative manquée de parricide, qui permet à Louis par une intuition fulgurante de découvrir le complexe d'Œdipe : « *Je me jetai, avec une logique passionnée, dans cette improvisation aujourd'hui fameuse où le professeur F... a, de son propre aveu, trouvé en germe l'essentiel de son système...* » (*NV*,83). Le fils désire la mort du père, voilà la certitude que retire Louis de l'affaire Villenave. Les siens ne feront pas exception à la règle.

Dans *Le Nœud de vipères*, le cercle de famille se trans-forme en un cercle de vipères malfaisantes. L'image centrale du roman exprime ce glissement du familier à l'atroce qui sous-tend l'œuvre, ce passage du *heimlich* qui dit la quiétude du foyer à la terreur de ce que Freud appelle *unheimlich* [44]. Une réalité rassurante au premier abord assume une confi-guration différente et menaçante. Pour que cette transformation ait lieu, pour que la terreur s'installe en nous, il faut un secret. Et ce secret criminel qui gît au creux du familier sera dans *Le Nœud de vipères* la peur affreuse du parricide. N'osant attribuer à ses enfants des intentions aussi terrifiantes, Louis projette sa peur sur Phili, l'étranger, celui qu'on dit capable de tout et qui vient fouiller le vieillard assoupi : « *J'ai éprouvé cette terreur des vieillards isolés qu'un jeune homme épie. Suis-je fou ? Il me semble que celui-là serait capable de me tuer.* » (*NV*,137).

Mais en son for intérieur, c'est toute sa famille que Louis soupçonne de vouloir sa mort. Que ne feraient-ils pas pour hâter la fin du patriarche, du père redoutable qui les tient sous sa coupe ? Le complexe d'Œdipe, si œdipe il y a, s'ouvre ici sur le champ social. D'un drame familial, il devient un phénomène social universel : la lutte entre les générations. Dans les familles bourgeoises, proches de leurs origines paysannes que décrit Mauriac, ce conflit n'est pas moins significatif que le conflit entre les classes. Dans cette société encore primitive, c'est l'opposition entre pères et fils qui est universelle, alors que les métayers ne savent pas encore qu'ils sont exploités par leurs propriétaires. Les allusions au conflit qui oppose les générations reviennent dans *Le Nœud de vipères* comme un leitmotiv :

Un vieillard n'existe que par ce qu'il possède. Dès qu'il n'a plus rien, on le jette au rebut. Nous n'avons pas le choix entre la maison de retraite, l'asile et la fortune. Les histoires de paysans qui laissent mourir leurs vieux de faim après qu'ils les ont dépouillés, que de fois en ai-je surpris l'équivalent avec un peu plus de formes et de manières, dans les familles bourgeoises !
(*NV*,52)

Dès la première affaire que j'avais plaidée, il s'agissait d'enfants qui se disputaient, pour ne pas avoir à nourrir leur père. Le malheureux changeait tous les trois mois de foyer, partout maudit — et il était d'accord avec ses fils pour appeler à grands cris la mort qui les délivrerait de lui. Dans combien de métairies avais-je assisté à ce drame du vieux qui, pendant longtemps, refuse de lâcher son bien, puis se laisse enjôler, jusqu'à ce que ses enfants le fassent mourir de travail et de faim ! Oui, il devait connaître ça, le vieux maçon noueux qui, à deux pas de moi, écrasait lentement du pain entre ses gencives nues.   (*NV*,218-9)

En fait, la séquestration envisagée par les enfants n'est qu'une forme élégante du parricide. Aux yeux de Louis, cette terreur prend une forme concrète. Le sort qu'il redoute est celui du vieux Fouan dans *La Terre*, étouffé par ses héritiers impatients. Cette hantise qui l'habite, Louis n'osera l'avouer que lorsque le danger sera conjuré, quand il aura renoncé à tous ses biens au profit de ses enfants. Il a fini par faire ce qu'il considère comme la plus grande folie : « *Moi qui m'étais toujours proposé en exemple le vieux métayer, dépouillé de son vivant, et que sa progéniture laisse crever de faim... Et lorsque l'agonie dure trop longtemps, on ajoute des édredons, on le couvre jusqu'à la bouche...* » (*NV*,238).

Le Nœud de vipères écrit par un père de famille quadragénaire élargit le champ du triangle que Mauriac avait traité dans les romans de sa jeunesse. Le dilemme n'est plus celui du fils attaché à la mère, mais des rapports entre pères et fils. Claude Mauriac cite cette phrase de son père : « *C'est un fait, du reste naturel, qu'il n'y a personne avec qui l'on éprouve autant de gêne qu'avec ses fils. On se comprend certes et l'on communique, mais autrement.* »[45]. La communication parfaite est-elle possible entre les générations ? De nombreux romans classiques racontent la quête d'un fils parti à la recherche d'un père idéal. *Le Nœud de vipères* présente une quête inverse de celle d'un Julien Sorel ou d'un Rastignac : chez Mauriac, c'est le père frustré d'affection qui rejette ses propres enfants pour chercher un fils idéal et digne de lui. Un premier exemple de cette substitution est l'amour que Louis porte à Luc, justement parce qu'il n'est pas son fils :

Puis-je dire que je l'ai chéri comme un fils ? Non, car ce que j'aimais en lui, c'était de ne m'y pas retrouver. Je sais très bien ce qu'Hubert et Geneviève ont reçu de moi : leur âpreté, cette primauté, dans leur vie, des biens temporels, cette puissance de mépris. [...] Dans Luc, j'étais sûr de ne pas me cogner à moi-même. *(NV,*141)

J'ai chéri, dans Luc, un fils qui ne me ressemblait pas. *(NV,*159)

Robert, le fils naturel, idéalisé avant la rencontre, déçoit horriblement son père, précisément parce qu'il lui ressemble. Robert devient un miroir qui renvoie au narrateur l'image haïe de lui-même : « *Et soudain, parmi la foule qui coulait entre les trottoirs, je me suis vu moi-même : c'était Robert, avec un camarade d'aspect miteux. Ces grandes jambes de Robert, ce buste court comme le mien, cette tête dans les épaules, je les exècre. Chez lui, tous mes défauts sont accentués.* » *(NV,*188).

Mauriac déploie tous les termes péjoratifs de son vocabulaire pour décrire ce fils naturel. Au fond, Robert, petit employé borné, n'est qu'une projection sociale de son père, ce que Louis dépourvu de fortune et d'intelligence aurait pu devenir. Alors qu'Hubert a pour lui son assurance de grand bourgeois qui sait s'habiller, qui sait faire preuve d'autorité *(NV,*200,202), le narrateur s'acharne sur Robert, « *cet abruti* » (190), « *cet employé, ce subalterne, cet abruti qui joue aux courses* » (159), « *cet imbécile* » (161), « *ce calicot* » (191), « *ce serf* » (201). La chasse, passe-temps favori de Luc, est un divertissement noble ; jouer aux courses, par contre, dénote une nature subalterne. Louis se demande, question cruciale : « *Aurait-il l'air d'un monsieur ? Il semblait si étriqué, mon fils, mon héritier !* » (195).

Tout un bestiaire est mis en œuvre pour décrire le lamentable Robert, « *mille-pattes qu'on écrase* », « *triste mulot* » [46] (*NV*,211,206) :

[...] c'était l'autre, cette pauvre larve, Robert.   (*NV*,201)
[...] il eût été terrible de finir de vivre avec cette larve. (*NV*,209)
L'échine de biais, les oreilles aplaties, il emportait, en rampant, l'os que je lui jetais.   (*NV*,213)

Cet acharnement à dénigrer Robert ne peut s'expliquer que par la haine que le narrateur éprouve pour lui-même et qu'il projette sur ce fils ingrat, coupable seulement de ne pas ressembler au noble fils naturel du mélodrame. C'est lui-même que Louis retrouve dans ce fils disgracieux, incapable de s'élever au-dessus de ses considérations mesquines. La quête du fils idéal se solde par un échec. Le fils naturel déçoit plus encore que le fils légitime qui a au moins l'avantage d'appartenir à la même classe sociale. En s'acharnant sur Robert, Mauriac semble exorciser un démon personnel, celui de l'infériorité sociale. La position de Robert par rapport à Hubert est la même que celle de Louis, étudiant honteux de ses humbles origines, vis-à-vis de ses riches condisciples. Le petit-fils d'un berger ne pardonne pas aux fils de famille, ces aristocrates de Bordeaux, l'affreux sentiment d'envie que lui inspirent leurs manières (*NV*,32). À son tour, Louis déverse son mépris sur un inférieur social, son fils naturel.

Nous retrouvons la quête du fils idéal dans le fragment posthume de Mauriac *Maltaverne*, qui comme *Le Nœud de vipères* oscille entre la lettre et les mémoires vrais et imaginaires. Alain Gajac, octogénaire sans héritiers, seul dans la propriété de Maltaverne, cherche à qui léguer ses pins. Il finit par trouver le fils idéal, le fils selon son cœur ; c'est un jeune littérateur, Jean de Cernès. Jean de Cernès, dernière incarnation de Bob Lagave, séduisant et beau, s'avère digne de la générosité du vieillard. Les derniers mots de *Malta-verne*, non plus écrits, mais dictés par Mauriac agonisant, disent la joie du vieil homme : « *Tout ce qu'il* [Jean de Cernès] *avait accompli poussé par l'admiration, il le ferait maintenant en tant que fils...* » — *fils* a été le dernier mot de Mauriac écrivain, mais non pas le mot de la fin du texte. Nous savons d'après les confidences de ses proches que Mauriac projetait de faire mourir le fils rêvé : Jean de Cernès devait connaître le même sort que Bob Lagave et se tuer dans un accident de la route. La quête du fils idéal devait se terminer, une fois de plus, par la défaite du père.

l'univers hostile

L'espace physique et psychologique dans lequel se meuvent les personnages de Mauriac présente de telles cons-tantes d'un roman à l'autre de l'écrivain qu'il fait naître un climat spécifique et facilement reconnaissable. De quoi est composée cette ambiance qu'il faut bien qualifier de mauria-cienne ? Le premier élément qui frappe le lecteur est naturel-lement la localisation de ces romans : Mauriac dans tous ses romans ne met en scène que sa province natale, Bor-deaux et ses environs, le pays des vignes et des landes. Le Paris de Mauriac, comme l'ont remarqué tous les critiques, ne présente que des aspects superficiels de la capitale : cafés, restaurants, boîtes de nuit. Le héros de Mauriac est toujours de passage à Paris, ses racines sont ailleurs ; c'est un provincial dépaysé qui de sa table de restaurant regarde avec effroi couler la foule anonyme de la grande ville. Mau-riac a reconnu lui-même que Bordeaux a été l'expérience centrale de sa vie, et que sur ce sol brûlé Paris ne « prend plus ».

Paris se présente toujours comme l'antithèse de la province. La capitale signifie la vie de l'esprit mais aussi les tentations de la chair, l'affirmation de l'intellect aussi bien que le déchaînement de la sensualité, bref, les risques et les plaisirs d'une vie adulte, pleinement assumée. Yves Frontenac, Thérèse Desqueyroux, Louis rêvent de la capitale qui seule pourrait assouvir leur ambition. La province, par contre, sera toujours le retour aux origines, à l'enfance, à la mère, à la pureté perdue, à une existence plus instinctive, plus naturelle, vécue et subie plutôt qu'assumée et dirigée [47].

La célébration de l'enfance est, elle aussi, une constante de l'imaginaire mauriacien. La nostalgie du paradis perdu marque l'œuvre poétique aussi bien que l'œuvre romanesque. *L'Adieu à l'adolescence*, titre du second recueil de poèmes que Mauriac publie en 1911, apparaît comme un thème permanent de l'œuvre. Dans *Le Nœud de vipères*, l'importance accordée aux enfants et jeunes adolescents dérive de la même source : les personnages privilégiés du roman se placent du côté de l'innocence et de la pureté. Les images que Mauriac emploie pour les décrire sont caractéristiques de l'œuvre entière.

Dans *Le Nœud de vipères*, les comparaisons et les métaphores, l'expression figurée aussi bien que les situations réelles, tissent une trame révélatrice. Dans tous les romans de Mauriac, les images obéissent à une nécessité intérieure. Du premier roman *L'Enfant chargé de chaînes* jusqu'à *Un Adolescent d'autrefois*, les mêmes images reviennent sous la plume de Mauriac pour qualifier des sensations semblables ou évoquer le même type de personnage. Puisées dans un domaine assez restreint, surtout le monde animal et végétal et les éléments, notamment l'eau et le feu, ces images présentent une valorisation presque constante tout au long de l'œuvre. Ainsi Luc est « *ce jeune faon qui ne bondirait plus* »

(*NV*,142), un faon comme Yves Frontenac, comme Raymond Courrèges idéalisé par Maria Cross. Comme les faons, les oiseaux servent à décrire les innocents. Luc, Marie, la petite fille de Janine, appartiennent tous à la même famille. Luc : « *Il quittait le pays en octobre, avec les autres oiseaux* » (141), Marie : « *J'entendais battre son cœur d'oiseau. À peine lâchée, elle s'envolait dans le jardin* » (94), la fille de Janine : « *Je retrouvais dans ses cheveux l'odeur d'oiseau, de nid qui me rappelait Marie* » (271). Oiseaux et nid signifient la pureté perdue de l'enfance ; ce n'est pas par hasard qu'un des titres primitifs du *Mystère Frontenac* était *"Le Nid de colombes"* [48]. Mais le nid, comme le cercle de famille, comme tout ce qui a trait au refuge familial, présente chez Mauriac une valorisation ambivalente. Le nid bénéfique du *Mystère Frontenac* et du *Nœud de vipères* s'associe dans *Les Chemins de la mer* à l'abdication devant les responsabilités de la vie adulte, et sert à décrire la neurasthénie de Julien Révolou (V,42,59). Celui-ci s'obstine à rester enfant, alors qu'il en a passé l'âge, il refuse l'inévitable vieillissement : « *La mort détruit, mais la vie dégrade* » avait dit Mauriac [49]. Seuls ses personnages privilégiés bénéficient d'une dispense miraculeuse : Marinette, toujours vêtue de blanc, reste paradoxalement virginale : « *[...] elle était sortie en apparence intacte du lit de ce vieillard. Son visage était puéril.* » (113). Luc son fils « *sortait des mains du potier, intact et d'une parfaite grâce* » (141). Pour garder cette perfection, ils devront disparaître jeunes : Marinette meurt en couches, Luc sera tué à seize ans, la petite Marie succombe à la maladie, l'abbé Ardouin disparaît de la vie du narrateur. Louis reste seul devant l'hostilité foncière de l'univers.

Plusieurs romans de Mauriac se distinguent par un réseau thématique qui leur appartient en propre. Ce réseau traduit leur climat spécifique, les images de cage et de trappe dans *Thérèse Desqueyroux*, images marines dans *Les Chemins de la mer*, images d'astres dans *Le Désert de l'amour*. Ces dernières haussent à l'échelle cosmique la solitude des personnages. Un rappel de ce thème se trouve dans *Le Nœud de vipères* où Louis se décrit comme « *cet homme qui vivait seul en face de votre groupe serré, [...] qui souffrait dans une autre planète* » (*NV*,16) (— l'édition de poche porte par erreur « SOUFFLAIT *dans une autre planète* »).

Les images caractéristiques du *Nœud de vipères* sont de deux sortes : celles qui dérivent de la métaphore centrale du titre et les images de guerre. Les images militaires mettent le lecteur d'emblée au diapason de l'œuvre, et créent l'impression d'un univers hostile et agressif qui menace constamment les personnages qui s'y meuvent. Fait significatif, la première expression métaphorique du roman appartient à ce réseau : Louis compare sa vengeance longuement mûrie à « *une bombe à retardement [...] montée avec une minutie dont [il] était fier* » (*NV*,12).

Les images militaires jalonnent le roman :

Toutes les positions que j'occupe depuis quarante-cinq ans et dont tu n'as pas pu me déloger, tomberaient une à une si je faisais une seule concession. (*NV*,53)

Tu étais mon ennemie et les enfants sont passés à l'ennemi... c'est à cette guerre qu'il faut en venir maintenant. (*NV*,88)

Mais la lutte entre nous deux, sous leurs regards, ne connut qu'un petit nombre d'éclats terribles, où je fus le plus souvent battu. Après chaque défaite, une guerre souterraine se poursuivait. (*NV*,94)

À mon approche, [...] les discussions s'arrêtaient net ; mais quelquefois vous ne saviez pas que je me cachais derrière un massif d'arbres, et tout à coup j'intervenais avant que vous ayez pu battre en retraite et vous obligeais à accepter le combat. (*NV*,105-6)

Vous agissiez en secret ; j'étais l'ennemi. (*NV*,132)

Il y eut des batailles terribles au moment du mariage des enfants.
(*NV*,133)

J'assistais, invisible, à leur conseil de guerre.   (*NV*,162)

L'ennemi avait campé là, cette nuit...   (*NV*,186)

Les rapports entre Louis et les siens se définissent en termes de batailles perdues ou gagnées, le dialogue devient confrontation et combat. Cette guerre dépasse le cadre d'une banale bataille des sexes, bien que les adversaires principaux soient mari et femme. Il s'agit plutôt d'une lutte sans merci entre des consciences acharnées à s'affirmer, fût-ce au prix de la destruction d'autrui. Les machinations du narrateur pour frustrer ses enfants de leur patrimoine, et les intrigues des enfants pour déposséder ce père haï et au besoin le séquestrer, disent la violence de cet acharnement.

La famille qui, dans *Le Mystère Frontenac*, fonctionnera comme un refuge, un îlot de stabilité dans un monde en proie à la décomposition, à l'écoulement universel des choses, apparaît ici comme une source d'effroi, une menace constante pour l'individu à la merci de la tribu. Cette menace se précise dans des images de chasse et de prison qui forment le réseau thématique de *Thérèse Desqueyroux*, où la séquestration tant redoutée aura vraiment lieu.

Comme Thérèse, Louis sent converger vers lui l'hostilité des siens, dont la proximité physique se charge de menace. Louis est « *un vieillard près de mourir au milieu d'une famille aux aguets qui attend le moment de la curée* » (*NV*,45), « *un vieillard très malade contre une jeune meute* » (232). Ses proches deviennent « *une meute familiale assise en rond* » (87). La meute qui se rapproche c'est un cercle qui se resserre, un étau qui se referme : « *Dès que la maladie me désarme, le cercle de famille se resserre autour de mon lit. Vous êtes là, vous m'observez.* » (136).

La menace n'est pas seulement extérieure, due à la présence hostile d'autrui, elle est aussi intérieure. La solitude morale du narrateur s'exprime par une image semblable : « *Cette fameuse affaire Villenave, si elle consacra mon triomphe, resserra l'étau qui m'étouffait : peut-être m'était-il resté quelque espoir : elle m'apporta la preuve que je n'existais pas à tes yeux.* » (*NV*,80).

Même l'or, dernière ressource du condamné, s'inscrit dans le même champ métaphorique : la ceinture bourrée d'or que Louis veut offrir à Luc mobilisé, cette preuve tangible de son amour pour l'adolescent que celui-ci refuse, s'enroule autour du corps de Louis comme un boa prêt à l'étrangler (*NV*,145).

La même dialectique de l'asphyxie intérieure, faute d'amour, et de l'étouffement par autrui, se retrouve dans la métaphore centrale du livre, celle du titre. Le nœud de vipères apparaît sous deux formes : une intériorisée, pour décrire le cœur du vieil homme où grouillent des pensées immondes, et l'autre extériorisée, pour qualifier la famille qui complote contre lui :

Dans un soir d'humilité, j'ai comparé mon cœur à un nœud de vipères. Non, non : le nœud de vipères est en dehors de moi ; elles sont sorties de moi et elles s'enroulaient, cette nuit, elles formaient ce cercle hideux au bas du perron, et la terre porte encore leurs traces.   (*NV*,186)

Le cercle de famille, ce cliché de tout repos, se transforme en un nœud de vipères, prêtes à étrangler celui qui osera les défier. Ce n'est pas par hasard que le sort redouté par Louis est celui du vieux paysan étouffé par ses héritiers. L'angoisse du vieillard s'incarne naturellement dans la peur primordiale de l'homme qui craint d'être enfermé à l'étroit, d'étouffer lentement alors que se rétrécit graduellement le passage du souffle et de la vie. L'étymologie même des mots *angoisse*, *Angst*, renvoie au latin *angustia*, lieu resserré, comme *angine* dérive du verbe *angere*, serrer à la gorge. La maladie de Louis n'est donc pas gratuite ; il souffre d'une angine de poitrine, il a de vraies crises de suffocation. En lui l'image a pris corps : l'asphyxie métaphorique est devenue une réalité physiologique. Il en est de même pour le double romanesque de Louis, Symphorien Desbats, l'avare agonisant dans *Les Anges noirs*, qui souffre lui aussi de crises d'étouffement.

Aussi le moment de renoncement à la propriété sera-t-il un moment de détachement au sens premier du terme : « *Enfin, je suis détaché... les amarres sont rompues* » (*NV*,153). Le nœud coulant se relâche et lorsque Louis annonce sa décision aux enfants, le nœud de vipères est finalement tranché. La délivrance morale se traduit aussitôt en bien-être physique : « *Or je n'éprouvais rien que du soulagement, un allégement physique :* JE RESPIRAIS MIEUX. » (240). La menace s'est éloignée, le vieil homme ne redoute plus sa famille et du coup il espère abolir aussi l'asphyxie intérieure à laquelle l'a condamné sa solitude, son repliement obsessif sur lui-même : « *Le nœud de vipères était enfin tranché : j'avancerais si vite dans leur amour qu'ils pleureraient en me fermant les yeux.* » (251).

C'est un leurre, nous le savons, le vieillard mourra seul, incompris et mal aimé. Dieu seul pouvait le sauver de l'asphyxie. Mais, fait curieux, l'image de ce Dieu invisible qui se manifeste dans la dernière phrase du Journal, appartient elle aussi à la métaphore atroce qui sous-tend le roman tout entier : « CE QUI M'ÉTOUFFE, *ce soir, en même temps que j'écris ces lignes, ce qui fait mal à mon cœur comme s'il allait se rompre, cet amour dont je connais enfin le nom ador...* » (*NV*,274). Le salut de Louis débouche sur la mort, seule issue ouverte à ceux qui étouffent au monde. Nul n'a mieux parlé de cette asphyxie que Kafka qui a fourni à Mauriac l'épigraphe poignante d'*Un Adolescent d'autrefois*. La phrase de sainte Thérèse d'Avila que Mauriac a placée en épigraphe au *Nœud de vipères* ressemble à celle de Kafka. Les deux œuvres, séparées par plus de trente ans, expriment le même déchirement, la même tragédie de la contradiction. Dans le roman du quadragénaire, comme dans celui du vieillard qui recrée son adolescence, l'introspection et la solitude rendent le même son. Comme l'écrit Kafka dans son *Journal*, à la date du 9 mars 1922 : « *Et si l'on était cause de sa propre asphyxie ? Si sous la pression de l'introspection, l'ouverture par laquelle on se déverse dans le monde devenait trop étroite ou se fermait tout à fait ? Il y a des moments où je ne suis pas loin d'en être là...* » [50].

Fait curieux, dans *Louis* hanté par l'asphyxie, Mauriac semble avoir préfiguré sa propre crise. En 1933, l'année qui suit la parution du *Nœud de vipères*, Mauriac sera opéré d'un cancer aux cordes vocales et sauvé *in extremis*. M. Suffran décrit en ces termes la maladie du romancier : « *Il a été, au sens littéral, saisi à la gorge. L'angoisse familière a soudain pris un visage, une présence. Elle a pris corps dans un corps menacé. Elle s'est faite chair...* » [51]. Kafka le savait bien : c'est au point d'intersection du corps menacé et de l'âme minée par l'angoisse que naît l'œuvre littéraire.

L'homme de Mauriac vit dans un univers précaire, dans un climat d'agression latente. Les autres, dans ce milieu hostile, assument des figures bestiales et les images animales abondent par conséquent dans l'œuvre romanesque. On est chasseur ou proie ; les images de meute et de curée s'expliquent par cette vision fondamentale des rapports entre les êtres. Même le Dieu de Mauriac se place à l'affût du pécheur. Dans le manuscrit du *Nœud de vipères*, cette férocité est plus explicite encore. Louis s'étonne dans les premières pages de sa lettre à sa femme, qu'il y ait si peu de divorces, alors que tant de couples s'exaspèrent et se dégoûtent : « *Ils se détestent et ne peuvent se fuir au fond de ces maisons...* » (*NV*,14) et là, le manuscrit ajoutait : « *où ils se dévorent...* » (ms).

La vision zoormorphe de Mauriac arrive à son apogée dans les descriptions entomologiques de Robert. Les créatures méprisables sont presque toujours des insectes répugnants. Les beaux garçons seront, par contre, comparés à de jeunes chiens, des loups ou des papillons volages. Dans *Le Nœud de vipères*, c'est Phili qui représente ce type de jeune homme un peu veule, qui a le don de plaire aux femmes. Phili est « un vrai chien », il a « des yeux de jeune loup », c'est un papillon qui ressemble à des milliers d'autres papillons — et les mêmes termes, dans d'autres romans, qualifient Jean Azévédo, Bob Lagave, Raymond Courrèges et Gilles Salone. Les animaux réservés aux êtres purs : les faons et les oiseaux se situent à la frontière imaginaire qui sépare les carnivores du règne végétal. C'est l'image du nid, refuge végétal dans un univers hostile, qui forme le trait d'union entre ces deux mondes.

le refuge végétal

Les divers titres que Mauriac avait considérés pour *Le Mystère Frontenac* illustrent ce passage imaginaire de l'animal au végétal. Le roman, cet hymne au paradis perdu de l'enfance, devait d'abord s'intituler *"Le Nid de colombes"*, mais Mauriac avait aussi pensé à d'autres titres pour traduire la même nostalgie de l'innocence, la même quiétude dans la nature. *Le Mystère Frontenac* devait aussi s'appeler *"L'Union des branches"*, *"Les Branches confondues"*, *"L'Em-*

mêlement des branches". Comme son poète favori, Maurice de Guérin, Mauriac « s'accorde avec les arbres ». L'enfant qui a grandi à l'ombre des pins dont l'enracinement immuable s'oppose à l'écoulement universel, restera toute sa vie fasciné par ceux qu'il appelle dans *La Chair et le sang* « *nos frères païens, les arbres* » (X,261). Le mythe d'Atys, qui a inspiré l'œuvre clef de Mauriac poète, traduit une hantise ancienne. Devenir arbre, c'est échapper à la durée humaine, c'est abdiquer la conscience et ses contradictions, c'est plonger ses racines dans la terre maternelle, comme le petit Yves Frontenac qui se pressait contre sa mère, aspirant à « *rentrer dans le corps d'où il était sorti* » (IV,4). Un poème de Mauriac qui s'intitule « *Le Corps fait arbre* » célèbre précisément cette métamorphose :

> Rêve que désormais immobile, sans âge
> Les pieds enracinés et les mains étendues
> Tu laisses s'agiter aux orageuses nues
> Une chevelure odorante de feuillage.   (VI,441)

Mais ne devient pas arbre qui veut. Tout au long de l'œuvre, la comparaison à un arbre est réservée, comme les images d'oiseaux ou de sources, aux personnages privilégiés du romancier. Dans *Le Nœud de vipères* c'est Luc qui a droit à cette métaphore : « *Cet être toujours courant et bondissant pouvait demeurer, des heures, immobiles, attentif, changé en saule, — et son bras avait des mouvements aussi lents et silencieux que ceux d'une branche.* » (*NV*,139).

L'admiration de l'intellectuel en proie aux affres de la conscience pour l'être spontané, primitif même, resté proche de la nature — Isa appelle Luc « une petite brute » — s'exprime dans ces lignes.

Mais l'arbre signifie plus encore. À la fois immobile et agité par les orages, l'arbre fournit à Mauriac un moyen terme, le médiateur qui devrait lui permettre de surmonter la contradiction entre la province avec ses valeurs immobilières, atemporelles et le dynamisme d'un Paris plongé dans la durée historique. La province ne tolère point les ambitions qui dépassent le cadre d'une vie bourgeoise bien réglée. À côté des êtres naturels comme Luc, elle produit des « chênes rabougris » comme Jean Péloueyre. Le journalisme et la politique se présentent comme des antidotes possibles à ce rabougrissement. Et Louis reprochera à Isa d'avoir découragé ses ambitions quand il « était sollicité par les journaux et par toutes les grandes revues » et qu'une carrière politique s'ouvrait devant lui, après le procès Villenave.

Le Nœud de vipères, comme toutes les grandes œuvres de Mauriac, exprime la grandeur et la misère de l'enracinement qui est fidélité poignante au terroir et à l'enfance, mais aussi un lent dépérissement dans un milieu circonscrit et hostile. L'œuvre romanesque traduit cette contradiction essentielle : le journalisme a peut-être été pour Mauriac lui-même une tentative de déracinement, un désir d'embrasser le mouvement et l'Histoire, longtemps dédaignés.

Le héros de Mauriac rêve encore d'un autre enracinement qui lui sera refusé : « *Dans la nuit de Pâques, la maison est chargée de couples. Et moi, je pourrais être le tronc vivant de ces jeunes rameaux. La plupart des pères sont aimés.* » (*NV*,88). La famille idéalisée, celle du *Mystère Frontenac*, est un emmêlement de branches, de racines confondues, un tout organique. Mais pas celle de Louis : l'image végétale cède devant la métaphore militaire. La phrase suivante nous fait passer à un registre différent : « *Tu étais mon ennemi et les enfants sont passés à l'ennemi.* » De sa femme, Louis dira : « *Tu as pris racine dans ma terre sans que nos racines se puissent rejoindre* » (93). Et cette petite phrase traduit l'immensité de sa déception.

C'est auprès de sa belle-sœur Marinette que Louis accède brièvement à la communion végétale tant rêvée. C'est à propos d'elle que surgit à nouveau l'image des arbres confondus, écho lointain du mythe de Philémon et Baucis : « *Je la recevais parce que j'étais là, l'argile reçoit une pêche qui se détache. La plupart des êtres humains ne se choisissent guère plus que les arbres qui ont poussé côte à côte et dont les branches se confondent par leur seule croissance.* » (*NV*,123). La complicité bien connue entre le personnage mauriacien et le paysage s'affirme dans *Le Nœud de vipères*, dans la scène de la tempête qui fait écho aux bouleversements qui agitent Louis, et surtout dans les brèves évocations du bonheur passé : les fiançailles avec Isa et les promenades avec Marinette. Les chastes fiançailles avec une jeune fille « vouée au blanc » se placent tout naturellement sous le signe de l'innocence et de la pureté, symbolisée par l'eau. La rencontre avec la jeune veuve Marinette se place, par contre, sous le signe du désir extériorisé par les métaphores de feu et la nostalgie d'une communion végétale.

Le passage consacré aux promenades avec Marinette (*NV*,119-20) fait partie de ce qu'on pourrait appeler les passages symphoniques de Mauriac, où le romancier rassemble tous les thèmes épars de son imaginaire. D'abord, l'hostilité foncière entre l'intérieur, dominé par la famille et les rites chrétiens et l'extérieur, domaine païen où règne Cybèle. Le couple quitte « *la maison obscure et glaciale où la famille somnolait* » pour se glisser dans « *l'azur en feu* ». Marinette vibre à l'unisson de ce midi torride, elle allume le désir de Louis. « *Elle jouait à tenir le plus longtemps, sur la pierre* BRÛLANTE, *son bras* NU. » Tout l'accent porte sur la nudité de ce bras ; Marinette joue avec le feu. Louis projette cette nudité provocante sur la nature ; c'est le paysage qui transmet obliquement le désir érotique du narrateur :

La plaine, à nos pieds, SE LIVRAIT AU SOLEIL dans un silence aussi profond que lorsqu'elle S'ENDORT dans le clair de lune. Les landes formaient à l'horizon un immense ARC noir où le ciel métallique pesait [...]. Des mouches vibraient sur place, non moins IMMOBILES que cette unique FUMÉE dans la plaine, que ne défaisait aucun souffle.

Paysage presque onirique où le désir s'immobilise, suggéré seulement par le choix des mots. La plaine se livre au soleil principe mâle ; les termes choisis évoquent des formes concaves et verticales : l'arc qui devient une cuve par la suite, la fumée qui se dresse dans la plaine. Dans la suite du passage, la comparaison de Marinette à un héliotrope confirme l'importance du soleil dans la première phrase : « *Ce jeune être souffrant, étroitement surveillé par une famille, cherchait mon regard aussi inconsciemment qu'un héliotrope se tourne vers le soleil.* » De même une image magnifique, toute en allitération, renverse l'arc qui devient une cuve, « *cette cuve immense où la vendange future fermentait dans le* SOLEIL *des feuilles bleuies* ». L'évocation nostalgique de Marinette se poursuit jusqu'à ce que surgisse enfin l'image de l'arbre. Dans l'ardeur brûlante de midi, heure païenne, heure panique par excellence, l'homme et la femme se fondent dans la nature, immobilisés par leur désir : « *N'y aurait-il eu qu'un paysan qui ne s'abandonnât à la sieste, il aurait vu,* AUSSI IMMOBILES QUE LES TILLEULS *cet homme et cette femme debout face à la terre incandescente et qui n'eussent pu faire le moindre geste sans se toucher.* » (*NV*,121).

Ce n'est pas par hasard que Mauriac choisit le tilleul. Dans la mythologie personnelle de l'écrivain, cet arbre se charge d'une signification particulière, que nous pouvons tracer tout au long de l'œuvre. Déjà l'adolescent, dans des vers inédits qui se trouvent au fonds Jacques Doucet et qui remontent aux années 1905—1908, parle d'« *un soir d'enchan-*

tement sous les tilleuls en fleurs » qui évoque pour lui « *une blancheur des vagues fiancées / Et des corps trop fuyants que je pleure de voir* » [MRC 10³]. La mièvrerie des vers ne devrait pas nous cacher l'association obsessive tilleul—désir charnel qui s'y exprime pour la première fois. Le texte est plus explicite dans *La Chair et le sang* où Mauriac insère une prière pour son héros Claude : « *Que la Vierge le défende contre nos frères païens les arbres, contre la superbe des chênes et contre les tilleuls qui sentent l'ardeur et l'amour* ». Rien d'étonnant à ce que Mauriac place les scènes érotiques du *Fleuve de feu* et des *Chemins de la mer* à l'ombre des tilleuls.

Dans *Le Nœud de vipères*, la lune de miel de Louis, seule époque de bonheur parfait qu'il connaîtra jamais, s'associe à l'odeur des tilleuls : « [...] *les tilleuls des allées d'Étigny, c'est toujours leur odeur que je sens, après tant d'années quand les tilleuls refleurissent* [...]. » (*NV*,37). Dans le manuscrit, cette évocation est suivie d'une phrase rayée qui semble amorcer une description plus poussée : « *Les mâles cherchent lentement des proies* » (ms). Phrase typiquement mauriacienne dans sa vision cruelle de l'amour comme un manège de corps fuyants, de chasseurs à l'affût du gibier féminin. Trop crue, la phrase disparaîtra dans la version finale. Ne resteront que les tilleuls révélateurs, suivis d'une description inoffensive : « *Le trot menu des ânes, les sonnailles, le claquement de fouets m'éveillaient le matin.* » L'auto-censure de Mauriac s'était déjà exercée au niveau du manuscrit, puisque la phrase indiscrète y est rayée [52]. Mais l'arbre du désir revient dans la scène clef du roman où Isa avoue qu'elle a aimé un autre : « *Nous avions beau savoir que c'était le froissement des feuilles d'un tilleul contre la maison, il nous semblait toujours que quelqu'un respirait au fond de la chambre.* » (*NV*,59). Le fantôme de

Rodolphe, désiré par Isa, s'interpose désormais entre les époux et s'associe naturellement au tilleul.

Dans l'épisode de Marinette, en l'espace de quelques pages, Mauriac compare Louis et sa belle-sœur à deux tilleuls, à deux arbres qui ont poussé côte à côte, et lorsque Louis s'efforce de vaincre son désir, lors de leur dernière promenade, le tilleul surgit à nouveau : « *Je lui disais ce que j'aurais dit à Marie si elle était tombée et si je l'avais relevée, dans l'allée des tilleuls.* » (*NV*,124).

Mais avec la mention de Marie, la signification de l'arbre s'élargit. Au-delà des corps qui lui échappent, c'est l'âme que Louis voudra saisir : aussi le tilleul apparaîtra-t-il aux moments de rapprochement entre les êtres, lorsque tombent les masques. C'est dans l'allée des tilleuls que l'abbé Ardouin dit ces paroles étonnantes : « Vous êtes très bon ». C'est dans cette même allée que se place la dernière promenade du couple ennemi, lorsque Louis se sent, pour un bref instant, proche de la femme qui a vieilli à ses côtés.

Ces moments ne durent guère. La mort d'Isa rend Louis à sa solitude. Il cherche dans la cheminée des papiers qu'elle a brûlés, mais sa femme morte lui échappe. Le front balafré de cendre, le vieillard se rend compte du néant de sa vie. Il est seul désormais, son destin s'est accompli : « *Le vent tournait autour de la maison, brassait les feuilles mortes de tilleuls.* » (*NV*,257). Le tilleul qui est pour Mauriac l'arbre de la vie, du désir impérissable d'autrui, meurt avec Isa. Le vieillard ne les verra plus refleurir, il mourra au cœur de l'hiver.

Et pourtant il lui reste un moyen d'accéder au refuge végétal, de retrouver l'harmonie perdue. À défaut d'une communion impossible avec autrui, il reste au narrateur la possibilité d'écrire. Les mots écrits, comme les personnages privilégiés, s'assimilent aux arbres, traduisent la même poussée organique et instinctive. Comme les pins, les mots plongent leurs racines au plus profond de l'être : « *Oui, tu te demandes pourquoi cette soudaine furie d'écrire, "furie" est bien le mot. Tu peux en juger sur mon écriture, sur ces lettres courbées dans le même sens comme les pins par le vent d'ouest.* » (*NV*,14).

l'eau et le temps

Les feuilles mortes du tilleul disent la défaite d'une vie. Le même désespoir s'exprime en termes différents : « *Je pensais à ma vie, je regardais ma vie. Non, on ne remonte pas un tel courant de boue.* » (*NV*,256). Les sources pures de l'enfance, par une transformation caractéristique de l'imaginaire mauriacien, deviennent au contact de la vie, des courants de boue qui charrient l'ordure du cœur humain.

À l'origine est l'eau pure. Tendresse, innocence, harmonie avec l'univers s'expriment au moyen d'images liquides. La lune de miel fait naître en Louis des sentiments qu'il n'avait jamais connus : « *Dans une détente délicieuse, je m'épanouissais. Je me rappelle ce dégel de tout mon être sous ton regard, ces émotions jaillissantes, ces sources délivrées.* » (*NV*,42). Mais ce bonheur liquide ne saurait durer, le souvenir de Rodolphe mêle à l'eau pure la boue de l'impureté :

Je savais qu'il ne fallait pas t'interroger. Je laissais ce prénom éclater comme une bulle à la surface de notre vie. Ce qui dormait sous les eaux endormies, ce principe de corruption, ce secret putride, je ne fis rien pour l'arracher à la vase. Mais toi, misérable, tu avais besoin de libérer par des paroles cette passion déçue et qui était restée sur sa faim.   (*NV*,60)

Les rapports entre les époux ne retrouveront plus l'innocence de ces premiers jours. La métaphore des sources sera désormais transférée aux êtres qui réussissent à préserver leur pureté au sein de la corruption. Marie et Luc sont trop jeunes pour connaître les « secrets putrides » de la sexualité : Luc « *était la nature même, confondu en elle, une de ses forces, une source vive entre les sources* », sa pureté « *c'était la limpidité de l'eau dans les cailloux* » (*NV*,140). La parenté mystérieuse entre les innocents, la petite Marie et Luc, s'exprime tout naturellement par une image liquide : « *Eh bien! dans le fils de Marinette, dans celui que tu appelais la petite brute, c'était notre Marie qui revivait pour moi, ou plutôt, la même source qui avait jailli en elle et qui était rentrée sous terre en même temps qu'elle, de nouveau sourdait à mes pieds.* » (142-3). Toute sa vie Louis gardera la nostalgie de cette eau pure d'amour spontané et désintéressé, qu'il avait cru trouver en Isa, que lui avaient offert Luc et Marie. La soif réelle du vieillard abandonné devient métaphysique et exprime le tourment de celui qui se meurt au désert de l'amour : « *Le pays de la soif est au-dedans de nous* » (VI,440), avait écrit Mauriac dans un poème d'*Orages* : « *Isa, je souffre. Le vent du Sud brûle l'atmosphère. J'ai soif, et je n'ai que de l'eau tiède du cabinet de toilette. Des millions, mais pas un verre d'eau fraîche.* » (*NV*,137). L'eau fraîche des sources ne garde sa limpidité que pour l'enfant fasciné par la course de l'eau sur les cailloux. L'adulte s'enlise dans la boue. Le désir de possession sexuelle ou matérielle trouble à jamais les sources de l'enfance. De cette contradiction Mauriac offre une solution au dénouement du *Nœud de vipères* où Louis retrouve, grâce à la religion, son innocence première. Mauriac définit *Le Nœud de vipères* précisément comme « l'histoire d'une remontée » : « *Je m'efforce de remonter le cours d'une destinée boueuse et d'atteindre à la source toute pure.* » (*RP*,299). Cette tentative est-elle possible ? « *Quelle folie, à soixante-*

huit ans, d'espérer remonter le courant » (*NV*,254), note le narrateur.

Seule l'écriture permet de remonter le courant, d'aller à contre-courant pour abolir l'emprise du temps. Elle seule permet de revenir aux origines. Tout au long de son œuvre, Mauriac se sert de la métaphore de la source pour traduire son inspiration de poète et de romancier, la force obscure qui le pousse à contre-courant de la vie. À une journaliste venue l'interviewer en 1969, l'écrivain octogénaire avoue : « *Vous savez, je suis comme ces truites dans les ruisseaux, qui remontent toujours à la source la plus glacée. Au fond, je fais toujours le même livre, sous une forme différente.* » [53].

La valorisation symbolique de la source, comme toujours chez Mauriac, renvoie à une expérience sensible de l'enfant. Le romancier, conscient de l'importance des sources dans son œuvre, l'explique en ces termes :

Je crois que tout vient de la Hure, des sources mythiques de la Hure, à la recherche desquelles, enfants, mes frères et moi sommes partis si fréquemment, en vain du reste, car nous aboutissions à une sorte de marais d'où naissait, on ne voyait pas comment, le ruisseau. Ces sources invisibles, inaccessibles de la Hure firent une grande impression sur moi. C'était et c'est demeuré une référence mystérieuse et chargée pourtant de signification. [54]

La source naît du marais, phénomène inexplicable. Pour Mauriac cette expérience vécue a fourni la métaphore centrale qui désigne son œuvre d'écrivain :

Il suffit de purifier la source, disais-je, croyant mettre enfin d'accord, dans ma vie, le romancier avec le chrétien. C'était oublier que, purifiée, la source garde en son fond la boue originelle où plongent les secrètes racines de mon œuvre. Même dans l'état de grâce, mes créatures naissent du plus trouble de moi-même.   (VII,269)

Le romancier doit se résigner au paradoxe fondamental de son inspiration d'écrivain catholique : écrire des romans édifiants avec la matière brute de ses désirs, de ses haines et de ses doutes. L'eau pure et la boue restent inséparables pour qui connaît les sources mythiques de la Hure.

Pour l'homme placé entre la réalité de la boue et la nostalgie de la source, l'œuvre littéraire peut apparaître comme un exorcisme moral et temporel. Le livre toujours le même, toujours différent, poursuit son cours paradoxal. En l'écrivant, Mauriac échappe à l'emprise du temps, qu'il remonte pour finalement l'immobiliser et l'abolir. C'est la famille qui pour Mauriac s'oppose au temps linéaire en affirmant une continuité qui nie le temps : Luc prolonge Marie, Janine répète le drame de ses grands-parents. Dans la conclusion bien connue du *Mystère Frontenac*, Mauriac célèbre cette continuité mystique. « *Le groupe* ÉTERNELLEMENT *serré de la mère et de ses cinq enfants* » sera « *un rayon de l'*ÉTERNEL *amour réfracté à travers une race* ». C'est la même lumière qui baignera les derniers jours de Louis, placé désormais *sub specie aeternitatis*.

Seuls l'amour et la foi, et leur transcription littéraire, s'avèrent capables d'abolir le temps. L'eau éphémère exprime cette continuité paradoxale qui abolit la durée au profit de la simultanéité. Marie revit dans Luc : « [...] LA MÊME SOURCE *qui avait jailli en elle et qui était rentrée sous terre en même temps qu'elle, de nouveau sourdait à mes pieds* » (*NV*,143). Les fils Frontenac se promènent au bord du ruisseau qui avait vu leur père et leur oncle : « *La Hure coulait alors dans* LE MÊME SILENCE. *Après plus de trente ans, c'était une autre eau, mais* LE MÊME RUISSELLEMENT ; *et sous ces pins, un autre amour —* LE MÊME AMOUR. » (*IV*,25) [55].

Cette sensation de simultanéité mystique marque l'enfance vouée à l'instinct et au mythe, plutôt que l'âge adulte qui se place sous le signe de la raison et du devenir historique. De quel côté sera Louis ? *Le Nœud de vipères*, roman divisé, célèbre la pureté des enfants, mais présente dans le narrateur un homme qui hait sa propre enfance. Cette dernière contradiction demande à être analysée dans un contexte plus vaste, car l'attitude envers l'enfance, source de l'imaginaire de Mauriac, est aussi la pierre de touche de sa vision du réel et du social.

CONCLUSION

LE ROMAN ET LE RÉEL

Mauriac semble, au plus profond de son œuvre, rejeter le réel pour s'enfouir dans une quiétude végétale, pour rêver un monde plus simple, plus instinctif, celui de l'enfance à jamais révolue. De par ce côté anhistorique, atemporel, les romans s'apparentent au poème lyrique et deviennent des méditations sur la solitude et l'incommunicabilité des êtres, des célébrations nostalgiques de l'innocence perdue. Mauriac n'est pas le seul à chanter l'enfance : il semble presque que d'Alain-Fournier à Proust la littérature française découvre dans le premier tiers du XXᵉ siècle les émerveillements éphémères de l'enfance, l'harmonie précaire entre l'être et l'univers qui fait le vert paradis enfantin.

La découverte se place peut-être à la charnière du siècle : la révolution scientifique, les changements économiques se font plus rapides, l'affaire Dreyfus et la querelle de l'Église et de l'État divisent une société de plus en plus complexe. Dans cette France polarisée par les conflits, l'enfance représente un îlot de stabilité, de sécurité, un refuge personnel devant la collectivité menaçante et envahissante. D'après Philippe Ariès c'est le XIXᵉ siècle qui découvre l'enfance, alors que l'adolescence est une invention du XXᵉ siècle [56]. Mais si nous admettons un décalage possible entre le phénomène

116

social et son expression en littérature, l'apparition de l'enfance idéalisée ou brutalisée vers la fin du XIXᵉ et au début du XXᵉ siècle s'explique par ce retard. *L'Enfant* de Vallès date de 1879 ; *Poil de Carotte* de 1894, entre les deux se situent les enfants décrits par Zola ; *Le Grand Meaulnes* et *Du côté de chez Swann* sont de 1913, *Enfantines* de Larbaud, fort admiré par Proust, de 1918. Tout au plus peut-on suggérer que les enfants malheureux précèdent en littérature ceux qui voudraient s'attarder indéfiniment dans le cocon protecteur de l'enfance.

On ne s'étonnera pas de trouver l'attachement à l'enfance chez les écrivains catholiques qui chantent « l'esprit d'enfance » ; pour eux, la pureté du premier âge s'oppose aux troubles de la puberté, la foi naïve de l'enfant défie les doutes et les tentations de l'adulte. Mais le phénomène n'est nullement réservé aux écrivains catholiques. D'autres, sans être profondément religieux, célèbrent le même culte de l'enfance et de l'adolescence. Désemparés dans un monde changeant, ils s'accrochent désespérément aux certitudes presque mystiques de l'enfance. L'énorme succès du *Grand Meaulnes*, comme plus tard celui du *Petit Prince*, témoigne de l'universalité du phénomène.

Ce serait simplifier que de faire de l'attitude envers l'enfance un critère d'appartenance idéologique. Il est cependant bien plus fréquent de retrouver l'idéalisation du premier âge chez un écrivain de tendance conservatrice que chez un écrivain révolutionnaire. Les écrivains de gauche, les subversifs, les révoltés ont presque tous en commun la haine qu'ils portent à leur enfance et à ce qu'elle représente : soumission à la famille et à l'autorité. De Stendhal, en passant par Jules Vallès jusqu'à Malraux qui oblitère son enfance, Sartre qui déteste la sienne, Nizan qui rejette sa jeunesse, les écrivains rebelles refusent la facilité de la nostalgie romantique. L'utopie, pour eux, ne se situe pas dans un passé révolu mais dans un avenir à faire. C'est parvenus à l'âge d'homme, à l'âge de raison qui s'oppose à celui de l'instinct, qu'ils se sentiront enfin libres des entraves de l'autorité et qu'ils pourront se mesurer à l'Histoire.

Mauriac dans la première partie de son œuvre se situe naturellement du côté de l'enfance. *Le Mystère Frontenac* chante le bonheur perdu, dans *Le Nœud de vipères* l'importance donnée aux figures de Marie et de Luc préserve le cliché. Mais le mythe encombrant de l'enfance idéale entrave la conception romanesque et l'engagement politique de Mauriac. C'est seulement lorsqu'il aura exorcisé le démon de la nostalgie en peignant l'atroce enfance du *Sagouin* (1951) qu'il pourra passer de l'autre côté de la barricade idéologique. La peinture d'une enfance malheureuse, d'un enfant martyr semble libérer Mauriac des entraves du passé ; il se lancera désormais dans une activité politique tournée vers l'avenir. C'est dans le même *Sagouin* que Mauriac manifeste une sympathie inattendue pour l'instituteur communiste.

Le Nœud de vipères, tout en privilégiant les enfants, est loin des simplifications psychologiques du *Mystère Frontenac*. Dans son attitude envers l'enfance, *Le Nœud de vipères* manifeste la même ambiguïté que dans les autres domaines. Louis le narrateur ne s'attendrit pas sur son enfance : sa maladie, dit-il, le délivre à point « *d'une enfance trop studieuse, d'une adolescence malsaine* » (*NV*,24). Diamétralement opposé aux jeunes Frontenac attachés à leur « flaque d'enfance », Louis ne garde aucune nostalgie de la sienne :

Quand je lis les souvenirs d'enfance des autres, quand je vois ce paradis vers lequel ils se tournent tous, je me demande avec angoisse : « Et moi ? Pourquoi cette steppe dès le début de ma vie ? Peut-être ai-je oublié ce dont les autres se souviennent, peut-être ai-je connu les mêmes enchantements... » Hélas ! je ne vois rien que cette fureur acharnée, que cette lutte pour la première place...   (*NV*,25)

L'œuvre de révolte qu'est *Le Nœud de vipères* ne pouvait admettre l'idéalisation du passé par le narrateur. La célébration de l'enfance risquait de colorer le récit tout entier. Œuvre brutale par sa bestialisation des êtres, son exagération des rancunes et des hargnes, sa violence latente, *Le Nœud de vipères* exigeait un narrateur rebelle qui rejette les faciles consolations de l'enfance. Dès ses études, Louis s'affirme comme républicain et athée. Il devient président d'un cercle d'études qui se réunit au café Voltaire. Il a même des velléités de pratique révolutionnaire : il oblige sa mère à mettre bas les taudis de leurs métayers (*NV*,34). Dans les débats qui agitent la France à cette époque, Louis se place résolument à gauche, tout en reconnaissant qu'il partage la passion de la terre et de la propriété de ses adversaires politiques.

Tout roman poétique qu'il semble, *Le Nœud de vipères* apparaît aussi comme le roman le plus historique de Mauriac. Il plonge ses racines dans un milieu bien documenté, un moment historique défini, qui le délimitent dans le temps et l'espace social. Sauf l'épisode du *Sillon* dans *L'Enfant chargé de chaînes*, Mauriac n'avait jamais admis le devenir historique dans ses romans qui se détachent autant que possible de leur moment spécifique. L'écrivain préfère analyser les états d'âme sans s'attarder sur les réalités sociales, il évite dans tous ses romans les dates trop précises. Seul *Le Nœud de vipères* fait exception, les jalons chronologiques du texte sont là pour le prouver. Le roman se place au point d'intersection de la méditation poétique, atemporelle, tournée vers Dieu, et du roman réaliste, ancré dans un milieu économique et social, issu d'un moment déterminé de l'histoire. Ainsi l'action du roman se déroule à l'ombre de la crise économique de 1929-1930.

C'est surtout le conflit religieux du roman qui est documenté et placé dans son contexte historique : « *La haine de la religion, qui a été si longtemps ma passion dominante, dont tu as tellement souffert et qui nous a rendus à jamais ennemis, cette haine prit naissance à la faculté de droit, en 1897 et en 1880, au moment du vote de l'article 7, l'année des fameux décrets et de l'expulsion des jésuites.* » (*NV*,32). L'affaire Dreyfus qui divise la France en deux partis ennemis, cristallise aussi l'opposition à Louis au sein de sa propre famille. Isa et les enfants se font les porte-parole de l'antisémitisme caractéristique des milieux bien-pensants, qui ne connaissent l'affaire « que par les caricatures des bons journaux » :

> « Pour un misérable juif, désorganiser l'armée... », disais-tu.
> Cette seule parole déchaînait ma feinte indignation et je n'avais de cesse que je n'eusse obligé l'abbé Ardouin à confesser qu'un chrétien ne peut souscrire à la condamnation d'un innocent, fût-ce pour le salut du pays.   (*NV*,105)

Marinette représentera avec le narrateur « *le parti de la révision* » qui oblige l'abbé Ardouin à se prononcer en faveur de Dreyfus (121).

Le Nœud de vipères pourrait être lu comme un document social passionnant sur la famille bourgeoise française au tournant du siècle, ses opinions politiques aussi bien que le clivage Église/républicanisme qui marque à l'époque la majorité des ménages. La femme, éduquée au couvent, reste catholique et élève les enfants selon ses convictions ; le mari émancipé considère la religion comme la province des femmes et de leurs alliés naturels, les curés. « *En ces années-là, la religion ne concernait que les femmes* » (*NV*,56). Les Fondaudège, famille noble donc plus conservatrice, prennent leur religion au sérieux. Louis, petit-fils d'un berger, considère leur catholicisme comme le culte d'une classe. Pour les Fondaudège, l'Église représente la meilleure garantie de leurs privilèges et de l'ordre établi :

Il ne me coûtait pas de vous accompagner, le dimanche, à la messe d'onze heures. Aucune idée métaphysique ne se rattachait pour moi à cette cérémonie. C'était le culte d'une classe, auquel j'étais fier de me sentir agrégé, une sorte de religion des ancêtres à l'usage de la bourgeoisie, un ensemble de rites dépourvus de toute signification autre que sociale. (NV,42)

La polarisation religieuse entre époux rend plus poignante la solitude des femmes vouées aux maternités successives. Le mari poursuit une vie professionnelle et intellectuelle à laquelle sa femme n'a pas de part, il ne tardera pas à s'offrir des maîtresses. Louis n'échappera pas à la règle générale (NV,71). La femme abandonnée se confie au seul homme qui s'intéresse à ses sentiments et à son âme. Le confesseur devient l'éminence grise des ménages : dans Le Nœud de vipères, c'est le directeur de conscience d'Isa qui la persuade de ne pas quitter son mari. Après la mort d'Isa, Louis l'apprendra par les morceaux déchirés d'une lettre qui date de 1913 (247).

Dans son attitude envers la propriété : « Nous défendons le patrimoine, les droits sacrés de la famille » (NV,174), dira Hubert, dans sa vigilance à ses intérêts (le contrat de mariage, l'héritage), ses placements même (les « Suez » de la dot, déposés à la Westminster), la famille du Nœud de vipères est caractéristique de la famille respectable de la Troisième République. Pour un historien des mentalités, Le Nœud de vipères pourrait servir de document social au même titre qu'un roman de Balzac qui nous renseigne sur la vie de son époque.

Romancier qui excelle à peindre la bourgeoisie qu'il

connaît, Mauriac est resté l'écrivain de sa classe. Lu surtout par un public instruit (baccalauréat et études supérieures), comme l'atteste un sondage de Robert Escarpit, il a gagné cependant un vaste public avec la parution d'une dizaine de ses romans en livre de poche [57]. Fait significatif, les romans qui n'ont pas été publiés en livre de poche sont justement ceux qui explicitent leur thèse religieuse : *Le Mal*, *Ce qui était perdu*, *L'Agneau*. Dans ces œuvres manquées, Mauriac avait voulu écrire de vrais romans didactiques, chargés d'un message catholique.

Si *Le Nœud de vipères* a échappé à ce sort qui le guettait, c'est parce que Mauriac n'a pas réussi à écrire le roman à thèse qu'il projetait. La révolte a parlé plus haut que l'édification. Il a écrit cependant un roman profondément ambivalent et divisé où s'entrecroisent et s'enchevêtrent tous les motifs contradictoires de son œuvre : la foi et le doute, la charité et la haine des hommes, la soif de justice et l'attachement à la propriété, l'amour de la famille et la révolte contre ses entraves, la tentation du silence et le désir du dialogue, un profond lyrisme et un réalisme cruel, le détachement romanesque et la confession autobiographique.

NOTES

1. Claude MAURIAC, *Le Temps immobile* (Paris, Grasset, 1974), p. 234.

2. *La Pharisienne* (1941) est aussi un récit à la première personne, écrit après la critique de Sartre qui a rendu Mauriac conscient des problèmes du point de vue et des pièges de l'omniscience. Voir P. CROC, « Mauriac et la technique du point de vue », *CFM2*,26—43.

3. F. MAURIAC, *Le Nœud de vipères*, éd. G. SPILLEBOUT (Paris, Bordas, 1971), p. 22.

4. P. LEJEUNE, « Le Pacte autobiographique », *Poétique*, IV (1973), p. 160.

5. LEJEUNE, *L'Autobiographie en France* (Paris, A. Colin, 1971), p. 37.

6. Voir C. JENKINS, *Mauriac* (Edinburgh and London, Oliver and Boyd, 1965), p. 2 ; J.E. FLOWER, *Intention and achievement, an essay on the novels of F. Mauriac* (Oxford, Clarendon Press, 1969), p. 10 : « *A threat to the stability of his marriage and bitter criticism of his work undermined his whole life* » ; R. SPEAIGHT, *F. Mauriac* (London, Chatto and Windus, 1976), pp. 90 sqq.

7. C. DU BOS, *F. Mauriac et le problème du romancier catholique* (Paris, Corrêa, 1933), p. 153.

8. A. SÉAILLES, *Mauriac* (Paris, Bordas, 1972), p. 47.

9. Ce qui explique l'échec total de *Ce qui était perdu* (1929), expression romanesque d'une fausse réconciliation, d'une conversion prématurée.

10. Fonds Mauriac de la Bibliothèque littéraire Jacques Doucet (MRC 34 ; ci-après : ms).

11. Voir A. SONNENFELD, « The Catholic novelist and the supernatural », *French Studies*, October 1968, pp. 307—19.

12. La thèse de M. Flower, qui sur la foi de cette datation considère le manuscrit comme une version tardive, semble invraisemblable. Non seulement cette version « tardive » est incomplète, mais encore le narrateur y porte un nom de famille, Capeyron. Les autres personnages portent aussi des noms différents de ceux qu'ils auront dans la version publiée. Voir J.E. FLOWER, *A Critical commentary on Mauriac's "Le Nœud de vipères"* (London, Macmillan, St. Martin's Press, 1969), p. 20, n. 2.

13. C. MAURIAC, *Le Temps immobile, 2 : Les Espaces imaginaires* (Paris, Grasset, 1975), p. 416.

14. La meilleure documentation pour cette période de la vie de Mauriac se trouve chez son biographe anglais : SPEAIGHT, *Mauriac* (*op. cit.*), pp. 90 sqq.

15. M. TURNELL, *The Art of French fiction* (London, Hamish and Hamilton, 1959), pp. 294, 345.

16. Gradère des *Anges noirs* (1936) semble un dernier avatar de ces « monstres » révoltés. Véritable criminel, il retrouvera la paix en mourant au sein de la famille.

17. Pour une discussion détaillée de ce problème voir H. SHILLONY, « *Le Nœud de vipères* : pour une définition générique », *FM2*,95—107.

18. G. PRINCE, « Introduction à l'étude du narrataire », *Poétique*, IV (1973). Pour une discussion du *Nœud de vipères* voir p. 189.

19. J.-P. SARTRE, « M. François Mauriac et la liberté » dans *Situations I*. L'article est une critique de *La Fin de la nuit*.

20. S. Suleiman, « Pour une poétique du roman à thèse ; l'exemple de Nizan », *Critique*, n⁰ 330, nov. 1974, pp. 995—1020. Parmi les exemples du genre cités par l'auteur, *Le Nœud de vipères* figure en bonne place.

21. François Mauriac—Jacques-Émile Blanche, *Correspondance 1916—1942*, éd. par G.-P. Collet (Paris, Grasset, 1976).

22. Le même problème s'est posé au romancier anglais qu'on compare volontiers à Mauriac : Graham Greene. Voir P. Stratford, *Faith and fiction, creative process in Greene and Mauriac* (Notre Dame [Indiana, U.S.A.], University of Notre Dame Press, 1964).

23. E. Ionesco, *Le Journal en miettes* (Paris, Mercure de France, 1967), p. 26.

24. A. Ubersfeld, « Les Bons et le méchant », *Revue des sciences humaines*, n⁰ 162, avril—juin 1976 (livraison consacrée au mélodrame), pp. 193—203.

25. P. Nizan, *Pour une nouvelle culture*, éd. par S. Suleiman (Paris, Grasset, 1971).

26. Dans *La Revue du siècle*, juillet-août 1933 (livraison spéciale consacrée à F. Mauriac), p. 93.

27. M. Bakhtine, *La Poétique de Dostoïevsky* (Lausanne, Éd. de l'Âge d'homme, 1973).

28. Voir R. Batchelor, « Art and theology in F. Mauriac's *Le Nœud de vipères* », *Nottingham French studies*, May 1973, p. 42.

29. L'image apparaît dans *Le Désert de l'amour* pour qualifier le désespoir du docteur Courrèges ; " L'Emmuré " était le titre primitif du roman *Le Mal* qui devait aussi s'appeler " La Peur de Dieu " et " L'Homme qui craignait Dieu ".

30. V. Hugo, *La Légende des siècles — La Fin de Satan — Dieu* (Paris, Gallimard, « Bibl. de la Pléiade »), pp. 1113-4.

31. M. Fournier, « Une Rhétorique de l'indicible : l'exemple du *Nœud de vipères* », *CFM2*,109.

32. Cité par J. Richer, *Nerval, expérience et création* (Paris, Hachette, 1963), p. 645.

33. Voir J. Dubois *et al*, *Rhétorique générale* (Paris, Larousse, 1970).

34. M. Fournier étudie ce phénomène dans le vocabulaire du *Nœud de vipères*, dans son étude citée ci-dessus (n. 31).

35. Y. Le Hir, « Temps et durée dans *Le Nœud de vipères* de F. Mauriac », *Lettres romanes*, tome XIV, 1960, n⁰ 1.

36. C. Mauriac, *Le Temps immobile*, 2 : *Les Espaces imaginaires* (*op. cit.*), pp. 429—533.

37. J.E. Flower, *A Critical commentary on Mauriac's "Le Nœud de vipères"* (*op. cit.*), p. 56.

38. C'est l'impression que souligne M. Fournier : « *La "remontée" remonte le cours de la vie du Christ, car c'est de Pâques à Noël que Louis découvre le secret d'amour ; en cette nouvelle naissance, il reçoit la paix que mérite l'homme de bonne volonté* » (*loc. cit.*, p. 131-2).

39. G. Genette, *Figures III* (Paris, Éd. du Seuil, 1972), p. 79.

40. Fait curieux, c'est justement dans le domaine des structures temporelles que le fils, Claude Mauriac, s'efforcera d'innover, comme en témoigne la composition de ses romans et de ses mémoires, *Le Temps immobile*.

41. Sur le problème de l'exposition, voir l'étude de M. STERNBERG, « What is exposition ? an essay on temporal delimitation », pp. 25—70 in *The Theory of the novel*, ed. J. Halperin (Londres, Oxford University Press, 1974).

42. J. BAUDRY, « Le Style Mauriac », *La Revue du siècle* (livraison spéciale consacrée à Mauriac), 1933, p. 34.

43. M. QUAGHEBEUR, « Une Lecture du *Sang d'Atys* », *FM1*, pp. 52—65.

44. S. FREUD, « Das Unheimliche », *Das Unheimliche : Aufsätze zur Literatur*. En français : « L'inquiétante étrangeté » dans S. FREUD, *Essais de psychanalyse appliquée*, trad. M. Bonaparte et E. Marty (Paris, Gallimard, 1953), pp. 163—210. L'idée du « familier » disparaît dans la traduction française du terme allemand.

45. C. MAURIAC, *Le Temps immobile* (*op. cit.*), p. 530. De nombreux passages sont consacrés dans ces mémoires aux rapports entre le père et le fils.

46. Pour un répertoire des images de Mauriac, voir H. SHILLONY, « L'Image dans l'œuvre romanesque de F. Mauriac », thèse de Ph.D., Princeton University, 1971 (*Dissertation Abstracts*, **XXXII** (71/72) 6454A).

47. Pour une interprétation de cet idéal passif, voir C.-E. MAGNY, *Histoire du roman français depuis 1918*, vol. I (Paris, Seuil, 1950), pp. 128—45 : « Un romancier quiétiste : F. Mauriac ». Mauriac exprime lui-même le contraste entre Paris et la province dans les fragments rassemblés sous le titre *La Province* (*ŒC*,IX,455—78).

48. F. CHAPON, *F. Mauriac*, Catalogue de la bibliothèque Jacques Doucet (Paris, 1968), p. 26.

49. Cité par M. SUFFRAN, *Mauriac* (Paris, Seghers, 1973), p. 46.

50. Cité dans M. ROBERT, *Kafka* (Paris, Gallimard, Coll. « La Bibliothèque idéale », 1960).

51. *Op. cit.*, p. 55.

52. Une comparaison du manuscrit avec le texte publié révèle que Mauriac a surtout atténué les allusions sexuelles. Disparaissent les détails sur les amours sordides du jeune Louis, les phrases trop explicites : « *le lit de notre jeune amour* », « *l'odeur de ton corps* », etc.

53. F. MAURIAC, Interview avec P. Neuvéglise, *France-Soir*, 28 février 1969.

54. Cité par C. MAURIAC, *Le Temps immobile* (*op. cit.*), p. 533.

55. Les mêmes thèmes apparaissent dans les mémoires de C. Mauriac. Le deuxième volume du *Temps immobile* se termine par une évocation de la famille et une célébration de l'enfance. Voir H. SHILLONY, « À la recherche du temps immobile : Claude Mauriac et François Mauriac », *Hebrew University Studies in Literature*, Vol. 5, no. 1, Spring 1977, pp. 127—34.

56. P. ARIÈS, *L'Enfant et la vie familiale sous l'ancien régime* (Paris, Plon, 1960), chap. I : « Les Âges de la vie ».

57. Voir R. ESCARPIT, *Le Littéraire et le social* (Paris, Flammarion, 1970). Pour la notoriété de Mauriac chez les jeunes recrues en 1963, voir l'appendice V. À ce moment Mauriac vivait encore et faisait partie de l'actualité politique. Il serait intéressant de refaire un sondage semblable dix ans après la mort de l'écrivain.

BIBLIOGRAPHIE SOMMAIRE

ÉTUDES GÉNÉRALES

Depuis la mort de Mauriac, plusieurs nouvelles études de son œuvre ont été publiées. Une introduction générale à l'usage des étudiants a paru : André SÉAILLES, *François Mauriac* (Paris, Bordas, 1972) (avec bibliographie). Une autre étude générale est celle de Michel SUFFRAN, *Mauriac* (Paris, Seghers, 1973). Le problème du romancier catholique est traité par Eva KUSHNER, *Mauriac* (Paris, Desclée De Brouwer, Coll. « Les écrivains devant Dieu », 1972). Bernard CHOCHON analyse un thème de l'œuvre dans *François Mauriac ou la passion de la terre* (Paris, Lettres Modernes, Coll. « Archives des lettres modernes », n° 140, 1972).

Trois revues sont consacrées à François Mauriac :

— La Série *François Mauriac* de *La Revue des Lettres modernes*, sous la direction de Jacques Monférier, aux éditions des Lettres Modernes (n° 1 : *La Poésie*, en 1975 ; n° 2 : *La Grâce*, en 1977).

— Les *Cahiers François Mauriac*, Bulletin des Sociétés des Amis de Mauriac, aux éditions Grasset (4 numéros parus ; n° 2 : Actes du Colloque de Bordeaux en 1974 ; n° 4 : Actes du Colloque de Paris en 1975).

— Les *Travaux du Centre d'études et de recherches sur François Mauriac* de l'Université de Bordeaux III, sous la direction de Jacques Monférier (n° 1 : L'établissement du texte ; n° 2 : Problèmes de technique romanesque).

ÉTUDES CONSACRÉES AU *Nœud de vipères*

Édition commentée à l'usage des étudiants : F. MAURIAC, *Le Nœud de vipères*, *éd.* Gabriel SPILLEBOUT (Paris, Bordas, 1971).

Commentaire critique en anglais : John FLOWER, *A Critical commentary on Mauriac's "Le Nœud de Vipères"* (London, Macmillan, St Martin's Press, 1969) (avec bibliographie).

126

ARTICLES

Richard ARBELOT, « Présentation du *Nœud de vipères* », *Le Français dans le monde*, n° 49, juin 1967, pp. 27—35.

Richard BATCHELOR, « Art and theology in F. Mauriac's *Le Nœud de vipères* », *Nottingham French studies*, May 1973, pp. 33—43.

Robert DENOMMÉ, « *The Vipers' Tangle* : relative and absolute values », *Renascence*, XVIII, Autumn 1965, pp. 32—9.

M. FOURNIER, « Une Rhétorique de l'indicible : l'exemple du *Nœud de Vipères* », *Cahiers François Mauriac 2* (Paris, Grasset, 1975), pp. 103—32.

Yves LE HIR, « Temps et durée dans *Le Nœud de vipères* de F. Mauriac », *Lettres romanes*, t. XIV, 1960, n° 1, pp. 3—13.

Vincent TARTELLA, « Thematic imagery in Mauriac's *Vipers' Tangle* », *Renascence*, XVII, Summer 1965, pp. 195—200.

Remerciements

Cette lecture du Nœud de vipères *s'inspire d'un mémoire de M.A. écrit à l'Université Hébraïque de Jérusalem, d'une thèse de doctorat sur l'œuvre romanesque de Mauriac présentée à l'Université de Princeton, enfin des activités du Centre d'études et de recherches sur François Mauriac de l'Université de Bordeaux III. C'est donc à mes professeurs et collègues de Jérusalem, qui m'ont initiée à la littérature française, à mes professeurs de Princeton, qui m'ont généreusement accordé une bourse d'études, ainsi qu'à Monsieur Jacques Monférier, directeur du centre bordelais, pour son encouragement et sa bienveillance, que je voudrais exprimer ma gratitude.*

Je remercie également Madame François Mauriac qui m'a accordé la permission de consulter le fonds Mauriac à la bibliothèque Jacques Doucet, ainsi que les éditions B. Grasset qui m'ont autorisée à reprendre des passages de ma communication publiée dans les actes du colloque sur « Mauriac et le roman » (Bordeaux, 1974). Et merci aussi aux aimables bibliothécaires de la Taylorian Institution à Oxford, où j'ai rédigé une grande partie de mon étude.

Jérusalem, février 1978

TABLE

TYPOGRAPHIE DE COMPOSÉLECTION, PARIS
IMPRIMERIE F. PAILLART, ABBEVILLE - D. 4224

Dépôt légal : 3ᵉ trimestre 1978 - Imprimé en France